BÉDROS CHACHIAN

DU CARACTÈRE ET DES CONDITIONS CONSTITUTIVES DU MARIAGE

Elibron Classics
www.elibron.com

Elibron Classics series.

ISBN 0-543-97644-0 (paperback)
ISBN 0-543-97643-2 (hardcover)

This Elibron Classics Replica Edition is an unabridged facsimile
of the edition published in 1875 by Imprimerie Blot et fils ainé, Paris.

DU CARACTÈRE ET DES CONDITIONS

CONSTITUTIVES DU MARIAGE

THÈSE DE DOCTORAT

FACULTÉ DE DROIT DE PARIS

Non est bonum esse hominem solum.
(Gen. II, 18.)

La fidélité, la sainteté et le bonheur des Mariages sont un intérêt public et une source de félicité pour les États. Cette loi est politique autant que morale et religieuse.
(Bossuet, politique tirée de l'*Écriture Sainte*, livre X, article 1, prop. xii.)

DU

CARACTÈRE ET DES CONDITIONS

CONSTITUTIVES DU MARIAGE

THÈSE POUR LE DOCTORAT

Présentée et soutenue le 27 Juillet 1875

PAR

Bédros CHACHIAN

Né à Constantinople (Turquie)

Président : M. LABBÉ.

Suffragants : MM. Giraud, Bonnier, Demante, *Professeurs*. Lyon-Caen, *Agrégé*.

PARIS

IMPRIMERIE BLOT ET FILS AINÉ

7, rue bleue, 7

1875

DU CARACTÈRE ET DES CONDITIONS

CONSTITUTIVES DU MARIAGE

INTRODUCTION

La constitution de la famille a été chez tous les peuples, comme le reflet de leur caractère, de leurs mœurs, de leur civilisation. Autant de nations diverses, autant de familles diversement organisées. Il est intéressant d'étudier la marche des institutions humaines, de suivre pas à pas les progrès de la société, d'observer les causes anormales qui peuvent, à certaines époques, arrêter son essor ou même la faire retourner, momentanément, à des institutions condamnées, à des lois contraires à la morale. Quand parfois l'humanité recule, ne nous décourageons pas ; cela n'est pas dans l'ordre et ne saurait durer. Et si, abandonnant l'étude des lois, nous cherchons dans l'histoire quelle a été la cause de ce temps d'arrêt ou de réaction, nous n'aurons pas de peine à nous convaincre qu'elle n'est autre, généralement, que la violation, dans un âge précédent, d'un principe fondamental, d'une grande loi divine ou humaine. Les mauvais jours ont leur cause dans les fautes des temps passés : la corruption prépare les hommes à la tyrannie; la tyrannie enfante la révolution.

On ne saurait nier que les institutions humaines portent l'empreinte de leur époque; elles éclairent l'histoire d'une incomparable lumière. Il serait facile de l'établir en suivant pas à pas l'histoire du Droit, en s'attachant surtout à l'étude des lois qui régissent les personnes et la famille. Parmi ces lois, celles qui concernent le mariage sont au premier rang, et nous en ferons l'objet de cette Étude.

La *religion* et la *pudeur* furent, d'après Vico, les deux liens primitifs des nations; quand la brutalité du désir connut un frein, quand le rapprochement fortuit des sexes se transforma *en mariage*, c'est-à-dire en l'*union de la chair accomplie pudiquement et dans la crainte de la divinité*, la société prit naissance (1).

Le gouvernement théocratique commence avec la famille. Les premiers pères sont les premiers prêtres (2). Dans une si grande barbarie leur joug ne peut être que dur et cruel. Mais ces rois absolus de la famille sont eux-mêmes soumis aux puissances divines dont ils interprètent les ordres à leur femme et à leurs enfants. Au bout d'un long temps, ceux qui étaient restés dans la promiscuité des biens et des femmes, voulant échapper aux insultes des violents, recoururent aux autels des forts et vinrent se réfugier dans les asiles ouverts par les pères de famille. Les nouveaux venus, conduits dans la société par l'intérêt, ne partagèrent pas les prérogatives des héros, particulièrement celles du mariage solennel. N'estimant guère que la force, ils considéraient l'être faible comme une chose qui peut se vendre et s'acheter : c'est ainsi qu'à côté du mariage sacerdotal, privilége du corps des pères, nous voyons apparaître le mariage héroïque, celui de la force, où la femme est enlevée. Au gouvernement théocratique, où les dieux gouvernaient les familles par les auspices, succéda le gouvernement héroïque, où les héros régnaient eux-mêmes et dont la base principale fut la religion, privilége du corps des pères. Les forts tuaient les violents et protégeaient les faibles. Nés sous les auspices de Jupiter, ils étaient héros par la naissance et par la vertu. La monarchie domestique s'étendit par la clientèle; ainsi naquit la société fondée sur un corps souverain de nobles (3). Cette noblesse consistait à sortir d'un mariage solennel et célébré avec les auspices. Par elle, les nobles régnaient sur les plébéiens dont le mariage n'était pas ainsi consacré (4).

(1) Voy. les Œuvres de Vico, publiées par Michelet, t. II, p. 99.

(2) De là les noms de *Patriarches*, pères et princes.

(3) Les héros, ainsi réunis en corps politique et investis du triple caractère de chefs des peuples, de guerriers et de prêtres, nous apparaissent, dans la Grèce, sous le nom d'*Héraclides;* dans l'ancienne Italie et dans l'Asie-Mineure, sous celui de *Quiristes* (Quir, Quiris, lance). Le droit des Quirites ou Curètes dut être le droit naturel des nations héroïques de l'Italie.

(4) Vico, Passim.

Si nous quittons les temps fabuleux, nous voyons que l'homme, dans l'état sauvage, cherche, par la force ou par la ruse, à s'emparer de l'objet de ses désirs. Les femmes appartenaient à celui qui s'en emparait le premier. Elles passaient entre les bras de quiconque avait la force de les enlever ou l'adresse de les séduire.

Il y eut donc, au moins pour une grande partie de l'humanité, une première période de désordre, véritable chaos moral, où les lois sacrées de la famille étaient inconnues, où la femme, libre de tout lien, se trouvait livrée en même temps à la plus complète indépendance et à la plus honteuse dégradation. On ne s'étonnera donc pas qu'au sortir de cet état bestial, nous regardions comme un progrès véritable la coutume qui s'introduisit dans une deuxième période, d'acheter la femme comme une marchandise, ou, si l'on veut, comme un objet de luxe. En effet la civilisation se fit le jour où l'on soumit l'union de l'homme et de la femme à des règles fixes et certaines. Dès les premières lois pénales, des peines sévères furent prononcées contre le rapt des vierges et des femmes, crime qui attaquait dans sa base la constitution régulière de la famille. Au lieu de recourir à la force ou à la ruse, l'homme qui voulait s'unir à la femme de son choix demanda le consentement de ses parents; consentement qu'il fallait acheter, car il devait nécessairement offrir aux parents un équivalent pour leur enfant. L'achat des filles fut donc la première formule de mariage du genre humain. Les nations les plus policées de l'antiquité ont passé par cette voie, et toutes les lois des races germaniques, scandinaves, celtes et slaves portent des traces de cet usage (1).

Cette seconde période, comme nous avons dit plus haut, implique un progrès sensible au point de vue des institutions sociales : la femme achetée appartient à celui qui l'a payée de ses deniers; l'homme s'attachera à cette tendre créature dont la vie est attachée à la sienne; il souffrira avec elle, il sera heureux avec elle; cette femme est son bien, il la défendra, il l'aimera : voici la famille fondée, elle se développera.

Dans l'histoire d'Amérique, de Robertson, nous voyons que parmi

(1) Novelle XXI, Tit. VIII. *De Armeniis.* (Voir notes à la fin de la *Thèse*, p. 151, texte avec traduction en regard.

Il est probable que la vente de la femme, qui dans les coutumes de tous les peuples anciens, semble inaugurer le mariage, dut servir, aux temps primitifs de l'Arménie, à l'établissement du lien conjugal.

Voy. *Journal asiatique*, 1831, t. 8. Anciennes cérémonies du Mariage en Géorgie, p. 108.

beaucoup de peuples de cette contrée, le mariage est proprement une acquisition. Quoique ignorant l'usage de l'argent, l'homme doit donner un équivalent pour l'objet qu'il désire avoir en sa possession. Dans quelques pays, le futur dévoue ses services pour un certain temps aux parents de la jeune fille qu'il recherche...; dans d'autres, il offre des cadeaux consistant en objets réputés d'un grand prix.

Cette forme de mariage, l'achat des filles, est encore aujourd'hui en usage chez les Chinois, les Tartares, les peuples du Tonquin, du Pégu, une grande partie des tribus nègres de l'Afrique, et les sauvages des races rouges.

Ne peut-on pas dire que les nations civilisées ne sont pas si éloignées qu'elles le croient du mariage par achat et par vente? Les préoccupations pécuniaires ne se retrouvent-elles pas dans la plupart des contrats de mariage, plutôt, il est vrai, en sens inverse, car si le futur fait de légers cadeaux à sa fiancée, il a grand soin de stipuler une dot qui est souvent la condition du consentement à l'alliance. On s'inquiète peu des âmes et des caractères, on s'arrangera comme on pourra, cela est secondaire, pourvu que l'argent préside à l'union conjugale.

Ce que l'homme paya d'abord aux parents, était le prix d'une chose, car la femme commence par être considérée comme un objet de volupté avant de s'élever, par une émancipation lente et graduelle, à être la compagne de l'homme : ou bien c'était la composition du rapt, si le consentement des parents n'avait pas d'abord été obtenu. Lorsque le prix cessa d'être la valeur de la fille même, il fut payé pour la garde, pour le pouvoir que le mari achetait des parents de sa future à l'époque des fiançailles : du moins c'était la signification primitive dans les temps où le prix était réellement compté aux parents de la mariée. Si la femme n'est déjà plus esclave, elle est au moins encore l'inférieure de l'homme.

Peu à peu l'usage s'introduisit d'abandonner une partie du prix à l'épouse elle-même. Devenu prix du consentement, les parents sont obligés de le partager avec la fiancée, là où son consentement devient nécessaire. Les femmes obtinrent bientôt la totalité de ce prix, et les parents se contentèrent de la tradition qu'ils faisaient de leur fille comme symbole de leur autorité (1). Tandis que par

(1) Les fiançailles devaient précéder le mariage dont elles se distinguaient, car celui-ci ne s'accomplissait que par la tradition solennelle dans l'assemblée du canton, *in mallum*, et plus tard par la célébration canonique. La fiancée, après cette tradition, devenait épouse

l'attribution du *pretium nuptiale*, on assurait à la femme une position digne et indépendante, la mari cherchait à indemniser l'épouse de la perte de sa virginité, par le don du matin ou *morgengab*, expression de son bonheur. De ces deux dons confondus par l'usage s'est formé le douaire, qui a joué dans les coutumes de France, et dans la plupart des lois modernes de l'Europe, un rôle si important.

Le prix d'achat, le don du matin, le douaire, représentent trois époques différentes, trois phases successives de l'émancipation de la femme. Les coutumes de la race germanique appartiennent à ces diverses époques, et leurs dispositions différentes donnent la mesure du degré de civilisation auquel chaque peuple était arrivé. Mais chez tous, le principe du prix à payer fut conservé : le nom, la forme varièrent. Ici *dos* ou *pretium*, là *mundium*, *meta*, *witemon* (1); tantôt achat réel, tantôt achat symbolique ; chez un peuple, distinct du don du matin, chez un autre s'identifiant avec cette donation ; mais sous la variété du nom et de la forme se cache toujours le principe de l'acquisition de la femme.

Arrêtons-nous un instant à l'élément religieux qui fut vraiment, à toute époque, chez tous les peuples, de l'essence du mariage.

Le christianisme ayant donné au mariage la nature du sacrement fit complétement oublier l'ancienne forme du contrat : l'idée d'achat disparut. La marche de la civilisation, l'élévation graduelle de la femme, ne laissèrent au douaire d'autre but que de servir à la veuve et à ses enfants de moyen d'entretien après la mort du chef de famille.

Dans tous les temps, dans tous les pays, la religion est intervenue dans les mariages. La célébration du mariage est d'origine divine, avant d'appartenir aux législations humaines. Dieu lui-même consacra le premier mariage quand il dit aux auteurs du genre humain : « Croissez et multipliez ! » Les patriarches de l'ancienne loi se mariaient en invoquant le Dieu d'Abraham. Si nous demandons aux législations qui ont obscurci la vérité primitive par l'erreur ou l'ont défigurée par les passions, ce qu'elles pensaient du mariage, nous voyons les plus sensuelles s'épurer pour allumer le flambeau nuptial, et le voluptueux Olympe choisir ses plus chastes dieux pour consacrer les devoirs de l'hyménée. — L'Égyptien se mariait en invoquant Isis, le Mède à la face du Soleil qu'il adorait, les Perses allu-

(Gemalh). Cette distinction des *sponsalia* et du mariage est faite par tous les grands auteurs.

(1) Ce dernier nom désigne encore aujourd'hui le douaire *Withum* chez les Allemands

maient la torche de l'hymen au feu sacré dont ils avaient fait leur Dieu. La jeune Athénienne ne suivait pas son époux sans avoir sacrifié à Minerve, en souvenir de la défaite du Minotaure, leur démon d'impureté; et les Romaines des premiers âges venaient puiser à l'autel des dieux ces austères vertus d'épouse et de mère qui firent les Lucrèce, les Porcia et les Cornélie. N'oublions pas les Barbares qui vainquirent l'Empire romain : eux aussi allaient religieusement célébrer leurs chastes alliances au sein des forêts de la Gaule et de la Germanie : « Cette vérité ineffaçable, dit éloquemment M. Sauzet, a traversé les mers comme les siècles : elle éclate aux bords du Gange comme aux rives du Nil, sur l'Euphrate comme sur l'Amazone, dans l'ancien monde comme dans le nouveau. L'Indien se promène sur le palanquin nuptial, le Chinois se rend à la pagode, le Japonais à l'autel du bonze; et quand la main de Colomb leva enfin le rideau qui nous cachait l'Amérique, les deux grandes civilisations du Mexique et du Pérou montrèrent leurs jeunes époux échangeant leurs serments aux pieds des sacrificateurs et des Incas (1). » Ainsi, l'idée religieuse inhérente à la formation du lien conjugal, voilà ce qui apparaît même chez ce peuple où le culte de l'homme semble avoir fait parfois oublier celui de la divinité.

Mais il manquait au mariage un de ses principaux caractères : l'égalité complète des époux. L'infériorité de la femme s'opposait au perfectionnement de ses facultés naturelles. Et si les mœurs anciennes, plus saintes que les lois, avaient pu conserver longtemps la pureté du mariage, la corruption des mœurs, en se généralisant, menaça le mariage d'une horrible chute. Dès les derniers temps de la République romaine, la femme était redevenue, en fait, un objet de volupté. La polygamie, que la vieille Rome repoussait avec horreur, reparut par un biais, et finit par s'imposer au monde entier sous le nom de divorce. Quelle différence réelle peut-on signaler entre la polygamie et les divorces faciles et successifs des Romains corrompus, qui changeaient de femmes tous les ans? Complétement envahie par cette effroyable corruption qui, partie du cœur, avait rapidement gagné toutes les extrémités de ce grand corps qui s'appelait l'Empire romain, l'humanité marchait vers un inévitable cataclysme; le vieux monde allait tomber en décomposition.

Le Christ parut; il refit la famille, il releva et ennoblit le mariage, en le rattachant à une origine céleste. Et ce qui est plus merveilleux,

(1) Réflexions sur le mariage civil et religieux en France et en Italie, 1853.

la femme n'est plus seulement la compagne de l'homme, elle est son égale : la femme ne fait qu'un avec son mari. « L'Église, nous dit Tertullien, prépare le mariage et en dresse le contrat; l'oblation des prières le confirme; la bénédiction en devient le sceau; Dieu le ratifie. Deux fidèles portent le même joug; ils ne sont qu'une même chair, qu'un même esprit. » Les unions qui n'étaient pas contractées par le ministère ecclésiastique passaient pour occultes et illicites. C'était aller beaucoup plus loin que le paganisme; car l'ancienne religion avait prêté, mais non imposé, aux noces son intervention; mais, la philosophie du mariage avait été conçue par le christianisme avec une profondeur dont aucun système religieux ne saurait approcher (1).

Désormais, dit M. Gide, « l'humanité sait quel est le but vers lequel doivent tendre ses efforts, et tous les progrès des institutions humaines ne consisteront plus qu'à se rapprocher sans cesse du type idéal révélé par le Christ. » Ainsi, le christianisme avait arraché le mariage à la corruption des institutions romaines pour l'élever à la hauteur d'un sacrement; et nous avons indiqué précédemment les conséquences les plus importantes de la doctrine nouvelle. Avec le nouvel aperçu que le christianisme ouvrait sur le mariage, la tâche de l'Église était d'aider au développement du principe donné et de l'affermir en combattant, même par la discipline extérieure, la résistance des directions temporelles. Le droit matrimonial chrétien n'exerça pourtant aucune influence sur la législation civile, même après que les empereurs furent devenus chrétiens, et elle continua de suivre sa direction païenne. L'Église arriva à une liberté et une force parfaites chez les Germains nouvellement convertis; et bien qu'elle ne réussît pas non plus à procurer à toutes les parties de son droit matrimonial la prépondérance sur les mœurs nationales qui le rejetaient, elle parvint toutefois, peu à peu, à l'aide des décisions des conciles et des diètes, à le mettre complétement en vigueur. La législation sur le mariage fut alors mixte : l'Église fixa les dispositions nécessaires, et le pouvoir séculier leur donna expressément ou tacitement force de lois civiles.

Il ne sera pas déplacé de citer quelques exemples de cette influence du christianisme dans le droit nouveau. Lactance s'était élevé contre l'infanticide et l'exposition des enfants : Constantin punit l'infanticide, et fait nourrir aux frais de l'État les enfants abandonnés. Saint

(1) Troplong, *Influence du christianisme*.

Basile avait condamné le mariage entre beau-frère et belle-sœur: Théodose déclare cette union incestueuse. Les Pères condamnaient la facilité des divorces: Justinien défend le divorce par consentement mutuel (1). Durant tout le moyen-âge, ce fut l'œuvre du droit canonique d'introduire dans toutes les législations barbares l'élément chrétien; au droit canonique revient l'honneur d'avoir donné la vie aux législations de tous les peuples modernes, en servant de lien à deux éléments aussi disparates que le droit barbare et la loi romaine. Aussi, toutes les législations européennes se ressentent-elles de cette triple origine; partout on retrouve la combinaison tripartite du droit romain, du droit barbare et du droit canonique. Nous remarquons que le droit coutumier français fut vraiment imprégné de l'esprit chrétien; et si l'on excepte quelques points secondaires et quelques questions controversées entre l'Église et l'État, le mariage, sous l'ancienne monarchie et jusqu'au temps de Pothier, fut le mariage chrétien.

Cependant depuis le jour où le protestantisme avait été reconnu en France, une difficulté nouvelle réclamait une solution; et il faut bien avouer que la solution n'était pas si simple, puisque la loi française, après avoir varié plusieurs fois, n'est peut-être pas encore parvenue à concilier tous les droits, à respecter complétement la liberté de conscience de tous les citoyens. Le problème était celui-ci : comment traiter les dissidents, comment réglementer leur mariage? Louis XIV avait tranché la question par la révocation de l'Édit de Nantes; mais il mettait par là les protestants dans la cruelle alternative de renier leur foi, ou de vivre en concubinage aux yeux de la loi. La révocation de l'Édit de Nantes ne faisait que grossir la difficulté, en préparant pour l'avenir une réaction violente.

Les protestants attribuèrent, dès le principe, aux souverains le droit de faire des lois sur le mariage; insensiblement le droit matrimonial des protestants prit un caractère purement civil, et fut enfin réuni à la législation civile moderne. Pour les catholiques, au contraire, grâce à l'indépendance où l'Église se maintint vis-à-vis de la puissance temporelle, le droit matrimonial canonique demeura, comme loi de l'Église, invariablement en vigueur; seulement sa force obligatoire, dans la sphère civile, a été çà et là modifiée ou entièrement supprimée par les lois civiles modernes.

Depuis la révocation de l'Édit de Nantes, les protestants deman-

(1) Nov. 117. ch. X.

daient avec insistance la sécularisation du mariage ; de toutes parts les réclamations en leur faveur surgissaient plus nombreuses, à mesure que se propageaient l'esprit philosophique et les doctrines de libre examen.

Louis XVI, qui s'était proposé de corriger peu à peu les abus de l'ancien régime, rendit, par un Édit de 1787, l'état civil aux protestants. Il déclara que leurs ministres, et, à défaut de ceux-ci, les officiers de justice, seraient chargés de constater les naissances, mariages et décès des « religionnaires »; que la bénédiction du prêtre ne serait plus nécessaire pour la validité du mariage, et que les enfants nés de mariages purement civils seraient légitimes. Ce dernier point était du reste admis par la pratique sous Louis XV : quoique les mariages des protestants qui n'avaient pas été célébrés « en face d'Église » fussent légalement nuls, les enfants qui en naissaient étaient cependant regardés comme légitimes lorsqu'ils avaient reçu le baptême catholique (1). N'était-ce pas là en vérité la meilleure solution de cette difficile question? Et ne peut-on pas soutenir que l'Édit de 1787 fut du moins plus près de la vérité que toutes les législations suivantes? Nous inclinons à le penser. S'il nous était permis d'émettre un vœu, nous souhaiterions que la loi, tout en maintenant le mariage séculier pour les membres dissidents, reconnût au mariage sacramentel les effets civils. Cette réforme entraînerait virtuellement l'abrogation de l'art. 54 de la loi du 15 germinal an X, ainsi que des art. 199 et 200 du code pénal.

Au début de notre troisième partie, quand nous traiterons de la nature du mariage dans le droit actuel, nous aurons à revenir sur ce sujet important, et à l'approfondir. Contentons-nous donc d'avoir posé dès maintenant une question que nous essaierons de résoudre plus tard, et abordons immédiatement l'étude de la loi romaine.

(2) Voy. Lamoignon de Malesherbes, *Mémoire sur le mariage des protestants*. Paris, 1814. Pillet, éditeur.

I. — DROIT ROMAIN

LIVRE PREMIER

I. — DU MARIAGE ANTIQUE.

Dans les temps obscurs où l'histoire de l'Italie commence, les Sicules couvraient le Latium et la Campanie. Une étroite parenté les unissait aux plus anciens peuples de la Grèce, comme eux de race pélasgique. Lorsque, trois siècles avant l'époque où Caton place la fondation de Rome, la vallée du Tibre fut envahie par les hordes belliqueuses des Aborigènes, les Sicules, partout assujettis, ne furent pas partout réduits en servitude. Pendant que les conquérants s'éloignaient des bords fangeux du Vélabre pour se répandre dans la riche Ausonie, les vaincus, sortant de leurs bois, se rapprochèrent, et bientôt une petite cité s'éleva sur le Palatin. Cette petite société conserva sa langue, sa religion, ses institutions, et parvint à se maintenir au milieu des bois et des marais que Rome devait un jour embrasser dans ses murs. Le nom de Roma était le nom pélasgique de la petite ville des Sicules ou Tyrrhéniens sur le mont Palatin. Sur une colline voisine s'élevait *Quirium*, habitée par les Quirites (hommes de lance, homme de guerre), de souche Sabellique; il y eut entre Roma et Quirium, guerre, lutte, puis étroite union. La troisième tribu vint de Lucerum, habitée par les Étrusques. — Les mœurs romaines ont été formées par un élément multiple comme sa population. Chez les Latins le mariage était un contrat formé entre les époux sous l'invocation des dieux. On avait soin de prendre les auspices : c'est une coutume qu'on trouve dans toute la Grèce héroïque, et que Rome ne dut pas aux Étrusques. Le mariage était consacré par une cérémonie à laquelle les ministres du culte prêtaient, selon toute apparence, leur concours. La confédération étrusque, analogue à celle des Latins, était fondée sur la théocratie ; toute l'antiquité témoigne des services que ce peuple a rendus à la science et à la religion ; il avait consacré par le lien religieux le respect du foyer domestique. Les Sabins avaient les mœurs héroïques et primitives; leur gouvernement était un despotisme brutal, image de leur état de famille, où la femme méprisée était réduite à l'esclavage.

Durant ces premiers jours de Rome, un seul fait mérite qu'on s'y arrête, c'est l'enlèvement des Sabines. La cité improvisée par Romulus n'avait pas de femmes, et les cités voisines refusaient avec mépris le connubium à ces brigands du Palatin. On eut recours à la ruse (1). Les Romains donnent des jeux solennels, auxquels ils invitent tous leurs voisins. Les Sabins s'y rendent en foule avec leurs femmes et leurs enfants. Au signal donné, la jeunesse romaine enlève les jeunes étrangères. Nous avons noté cet épisode fameux, parce qu'il marque les commencements de la famille romaine, et que nous y voyons le mariage à son premier état. L'enlèvement des Sabines exprime, dit-on, qu'il n'y avait pas dans l'origine de connubium entre les Romains et les Sabins : cet acte de brigandage convient à la population primitive de Rome; il est en outre dans les mœurs antiques.

Ces femmes enlevées avec violence ne furent d'abord, comme tout ce qu'on enlève à l'ennemi, que des *mancipia*, des esclaves. Mais, selon Plutarque (Quest. Rom., 85), une loi de Romulus les élève bientôt à la dignité de Romaines; elles ne sont plus comme esclaves sous la puissance d'un maître, mais sous la puissance d'un mari. Dès les premiers jours la famille fut fondée, et nous verrons combien forte fut cette organisation.

La plèbe eut de bonne heure à Rome une grande importance. La nouvelle cité tenait toujours ses portes ouvertes à tous les aventuriers de l'Italie; mais c'est surtout par la guerre qu'elle augmentait ses forces, et lorsqu'elle restait victorieuse, elle donnait aux vaincus le droit de bourgeoisie. Mais Rome était divisée en deux ordres, et l'aristocratie n'ouvrait ses rangs qu'avec peine. S'il se trouvait parmi les populations transférées à Rome des familles sacerdotales et patriciennes, le patriciat consentait à se les adjoindre; quant à la foule,une partie entrait dans la clientèle des grands, une partie était

(1) Tite-Live, L. I, p. 9.

reléguée dans la plèbe. Lorsque les habitants des sept collines devinrent la tribu dominante de Rome, le mariage solennel, sacerdotal, accompli selon le mode religieux des Sicules et des Étrusques, devint le mariage patricien.

Les jurisconsultes du droit romain, ayant fort justement remarqué que ni la naissance ni l'affection n'étaient le fondement de la famille romaine, ont cru que ce fondement devait se trouver dans la puissance paternelle ou maritale. Ils font de cette puissance une sorte d'institution primordiale; mais ils n'expliquent pas comment elle s'est formée, à moins que ce ne soit par le pouvoir plus grand du mari sur la femme. Or, si l'on peut, sans se tromper, placer la force à l'origine du droit plébéien, ce serait une erreur de croire que, chez les patriciens, la puissance du mari sur la femme fut le résultat de la force plus grande du premier. Elle dérivait des croyances religieuses qui plaçaient l'homme au-dessus de la femme. Ce qui unit les membres de la famille patricienne, c'est la religion du foyer et des ancêtres. Au-dessus du père il y a dans chaque maison un dieu que les Latins nomment *Lar familiaris.* Le père est le premier près du foyer; il en est le pontife; sur lui repose le culte domestique. Les législations antiques qui, comme le droit romain, dérivent de ces croyances religieuses, s'accordent à considérer la femme comme toujours mineure. Pour tous les actes de la vie religieuse il lui faut un chef, et pour tous les actes de la vie civile, un tuteur. A partir du mariage, la femme n'a plus rien de commun avec la religion domestique de ses pères; elle sacrifie au foyer du mari. Elle quitte le foyer paternel; il n'y a que l'autorité du père qui puisse l'en détacher.

Mais il importe de distinguer dès l'origine le caractère bien différent du mariage des patriciens et des plébéiens; cette distinction ne s'effacera même que bien tard. Les Romains empruntèrent beaucoup aux coutumes étrusques; les patriciens séduits par l'éclat des cérémonies qui accompagnaient le mariage dans les cités d'Étrurie, s'empressèrent d'adopter le mariage religieux. L'épouse est conduite solennellement en la maison de l'époux; mais les formes gracieuses et symboliques dont les mœurs avaient entouré la tradition, et dont la pompe augmentait avec la fortune des époux, n'étaient nullement exigées par les lois. Ainsi, le *flammeum* qui voilait la fiancée, la quenouille, le fuseau, le fil qu'elle portait, sa marche vers la maison nuptiale, les tentures flottantes et les feuillages verts qui décoraient cette maison, les clefs qu'on lui remettait, les paroles consacrées, la réception par l'eau et le feu, et toutes ces allusions mythologiques dont nous trouvons les détails chez les poëtes, quelquefois aussi chez les jurisconsultes, n'étaient pas plus nécessaires à la validité du mariage que ne le sont, de nos jours, le voile blanc qui cache les traits de la mariée, la couronne de fleurs d'oranger qui pare ses cheveux, la fête et le bal qui suivent son hyménée (1).

Bientôt l'épouse pénètre dans l'intérieur de la maison, jusqu'au foyer, véritable autel domestique, où sont les pénates, où les images des ancêtres sont groupées autour du feu sacré. Les époux font un sacrifice, versent la libation et mangent ensemble un gâteau de fleur de farine (*panis farreus*). Dès lors les époux sont associés dans le même culte ; la femme a les mêmes dieux, les mêmes rites que son mari. Cette femme que, suivant la belle expression de Platon (2), les dieux eux-mêmes ont introduite dans la maison, est entrée en partage de la religion de son mari; de-là, la vieille et belle définition du mariage que les Romains nous ont conservée : *Nuptiæ sunt divini juris et humani communicatio.*

Tel était le mariage patricien. Chez les plébéiens, combien la scène change ! Ils sont sans foyer ; ils ne possèdent pas, du moins à l'origine, d'autel domestique. Le mariage sacré ne saurait exister pour eux; ils n'en connaissent pas les rites. La patricienne se mariant devant les dieux nous apparaît avec une certaine grandeur. La plébéienne enlevée par force, ou livrée comme une marchandise à celui qui l'achète, se montre dans une condition misérable et dégradée : pas de cérémonies religieuses.

Chez les patriciens, le cortége des époux s'avance lentement, au milieu des cris de joie, dans les rues encombrées ; c'est une gracieuse image de l'Orient et de la Grèce. Chez les plébéiens, toutes les solennités ont un caractère farouche. La femme sent la pointe du javelot passer sur sa tête ; puis c'est un tumulte, ce sont des cris de guerre ; le plébéien enlève la jeune épouse ; il la porte dans sa maison ; il rappelle par un drame grossier les violences qui fondèrent dans Rome la société plébéienne.

(1) Ortolan, vol. II, t. X, p. 81.
(2) Platon, Lois, VIII.

II. — DU MARIAGE SOUS LA RÉPUBLIQUE.

Quelles qu'aient été les origines du peuple romain, il est incontestable aujourd'hui que Rome a réuni dans une imposante unité deux races bien distinctes. L'un de ces peuples, les patriciens, race religieuse et éclairée, domina l'autre, les plébéiens, par la religion et le droit dont elle sut longtemps conserver le mystère. Elle gardait le secret des symboles du culte et des formules de la loi. A mesure que la plèbe se fortifia, nous la voyons briser successivement les vieilles barrières qui la plaçaient en dehors de la religion et de la société politique. Tite-Live et les autres historiens mentionnent soigneusement les conquêtes politiques faites par l'ordre le moins élevé; mais ils se taisent sur le droit privé; d'où la question de savoir si, quant au mariage, il existait une différence entre les deux ordres.

Modestin nous a laissé une belle définition du mariage : « C'est l'union de deux vies, la confusion de deux patrimoines, la mise en commun de tous les intérêts temporels et religieux (1). » Dans cette antique notion du mariage apparaissent déjà les deux principes qui sont le fondement du mariage chrétien et moderne : l'indissolubilité du lien conjugal et la monogamie.

Le principe de la monogamie a son complément naturel dans l'indissolubilité du mariage; car la monogamie avec la faculté du divorce n'est, comme on l'a dit, qu'une sorte de polygamie successive. Le mariage est indissoluble dans l'ancienne Rome. Sans doute cette indissolubilité n'est consacrée par aucune loi : au contraire, le divorce est réglementé par la loi des XII Tables ; la législation romaine n'a point voulu toucher à l'indépendance de la famille, ni resserrer par une contrainte légale les liens que l'affection naturelle avait formés. Mais si le divorce est autorisé par les lois, il est interdit par la religion et par les mœurs : l'homme qui répudie sa femme est déshonoré par le blâme du censeur; il est excommunié par le prêtre, et ne peut racheter sa faute qu'en déposant une partie de ses biens sur l'au-

(1) Modestin, fr. 1, D. XXIII, 2; « Consortium omnis vitæ, individuæ vitæ consuetudo, divini et humani juris communicatio. » — Tite-Live, I, 9 : « Societas fortunarum omnium civitatisque. »

tel des divinités qui ont présidé à son union (1). Cette sanction morale fut plus efficace que ne l'a jamais été celle des lois : le divorce n'était pas illégal, mais il était moralement impossible, et tous les auteurs de l'antiquité s'accordent à dire que, durant cinq siècles, l'on n'en voit pas un seul exemple.

A l'époque où la jurisprudence romaine commence à se dégager des nuages qui cachent ses origines, nous voyons exister ensemble deux sortes de mariage : tantôt la femme, bien que mariée, demeurait dans sa famille, sous la puissance de son père ou la tutelle de ses agnats, en conservant l'entière liberté de ses actions et en gardant l'administration de tous ses biens : tantôt ces liens étaient rompus par le mariage, la femme passait, suivant l'expression technique « *in manum mariti*, » et n'avait plus d'autre famille que celle de son mari.

Au premier mariage, nous donnerons le nom de mariage libre; au second, accompagné de la « *manus*, » le nom de mariage rigoureux. Comment expliquer, au sein du même peuple, cette divergence dans les lois qui régissent l'union conjugale? D'où vient cette distinction du mariage *libre* et du mariage *rigoureux*, conclu avec l'acquisition de la *manus*? Bien des conjectures ont été proposées.

Le mariage rigoureux est, sans contredit, le plus ancien. L'antiquité de son origine se révèle dans les formes particulières qui l'accompagnent, et que l'on retrouve, presque identiques, dans les plus anciennes législations (2). Nous croyons donc qu'aux premiers siècles de Rome, les mariages sans distinction produisaient tous la *manus*, avec cette restriction que la *confarreatio* et la *coemptio* étant réservées aux patriciens, la *manus*, dans les mariages des plébéiens, n'était créée que par l'*usus*, c'est-à-dire par la possession annale du mari : « *Quæ anno continuo nupta perseverabat.* » *Gaïus*. La forte organisation de la famille romaine, qui se manifeste par la *conventio in manum* et la *patria potestas*, est commune aux patriciens et aux plébéiens; elle existe chez les patriciens, parce que c'est pour eux surtout qu'il importe que la famille ait en elle un principe de vigueur et de durée qui identifie sa conservation avec celle de l'État.

La même constitution de la famille existe aussi chez les plébéiens. Inférieurs aux patriciens dans le droit public, et même à certains

(1) Valère-Max., II, IX, 2.

(2) M. Gide, *Étude sur la condition privée de la Femme*, page 126.

égards dans le droit privé (1), ils font partie cependant de la même cité, et participent aux mêmes lois civiles. Le pouvoir du mari sur la femme n'est pas seulement une institution aristocratique, sacerdotale : c'est un état de la société. Chez presque tous les peuples connus de l'antiquité, le mariage était accompagné de l'achat de la femme, et l'on comprend que la femme achetée soit en la puissance de celui qui l'a payée. Quant aux femmes enlevées et conquises par la force, le pouvoir absolu du mari, maître et époux en même temps, s'explique suffisamment. Il n'y a donc pas de raison pour donner ici d'autres mœurs aux plébéiens qu'aux patriciens. Mais alors comment le mariage libre s'est-il introduit à côté du mariage avec *manus?* La *manus* faisait acquérir au mari tous les biens présents et futurs de la femme ; cela étant, on comprend que les agnats, tuteurs de la femme, devaient être peu disposés à consentir à un mariage qui les dépouillait de tous leurs droits ; et, sans leur aveu, le mariage était impossible. Cicéron le dit formellement dans le *Pro Flacco,* page 34 : « *Nihil potest de tutela legitima sine omnium tutorum auctoritate diminui.* » C'est donc pour donner satisfaction à tous ces besoins contradictoires qu'il fallut bouleverser les anciens principes : il fallut séparer deux choses qui avaient paru d'abord inséparables, le mariage et la *manus,* c'est-à-dire le changement de famille. A côté du mariage antique, aux formes solennelles, on imagina un mariage nouveau, qui se contractait par le simple consentement, et laissait la femme dans sa famille, sous la tutelle de ses agnats. Le consentement des tuteurs fut toujours nécessaire pour l'ancien mariage avec *manus;* mais il ne le fut plus pour le mariage pur et simple, qui laissait intacts les droits des agnats.

Nous croyons donc qu'avant cette constitution, la puissance maritale, qu'il ne faut pas confondre avec la *manus,* devait dominer tous les mariages, sous quelque forme qu'ils eussent été contractés ; elle devait s'y adjoindre forcément *ex post-facto*, en vertu de l'*usus*, dont l'effet ne pouvait pas être encore paralysé au moyen du *trinoctium*, quand elle n'avait pas pris naissance dès l'origine, comme dans le mariage contracté par *confarreatio* ou *coemptio*. Le propre du mariage contracté sans *conventio in manum,* c'est de laisser la femme dans la famille où elle est née, et de ne porter aucune atteinte aux droits que ses parents peuvent avoir sur elle. — Le propre de la *manus*, c'est

(1) Le mariage par *confarreatio* est particulier aux patriciens; les plébéiens n'ont pas avec eux le *connubium.*

d'opérer une *capitis minutio*, c'est-à-dire un changement de famille radical et irrévocable. La femme cesse d'être la *filia familias* de son père, elle cesse d'être l'agnate de ses tuteurs : le pouvoir du père disparaît, ses tuteurs perdent tous droits à sa tutelle et à sa succession. Voilà les effets négatifs de la *manus*. Quant aux effets positifs, les textes nous disent que la femme est *loco filiæ* (1); mais il ne faut pas trop s'attacher à cette formule légale, dont l'interprétation littérale serait abusive.

On peut dire que le citoyen romain pouvait vendre sa fille, la donner en adoption et, si elle avait commis quelque dommage, la livrer en réparation du préjudice, tandis que sa femme *in manu*, il semble qu'il ne pouvait ni la vendre, ni la donner en adoption, ni la céder moralement (Gaïus, IV, 80). Mais il nous paraît difficile d'admettre cette opinion (2), qu'à la différence de la *potestas*, la *manus* n'aurait point d'effets quant à la personne même de la femme qui y est soumise, et serait exclusivement relative à ses biens. Pour la défendre, on s'appuie sur ce passage de Gaïus : « Nous pouvons acquérir par nos fils ou nos esclaves, soit la propriété, soit même la possession; nous pouvons également acquérir par les personnes que nous avons *in manu* ou *in mancipio* la propriété; mais pour la possession, c'est douteux, car nous ne les possédons point. » Nous répondrons d'abord que Gaïus met sur la même ligne la *manus* et le *mancipium* : il faudrait donc admettre également que le *mancipium* sur un individu n'a trait qu'à ses biens, et nullement à sa personnalité. De plus, nous opposerons ce texte d'Ulpien, qui est aussi affirmatif que celui de Gaïus, et démontre que le père ne possédait pas même ses fils *in potestate*, ce qui prouve que l'idée de puissance n'était, aux yeux des Romains, nullement corrélative à celle de possession de la personne sur laquelle elle s'exerçait : « *Per eum in quo usum fructum habemus possidere possimus, sicut ex operis suis adquirere nobis solet, nec ad rem pertinet quod ipsum non possidemus: nam nec filium* » (3). Au reste, la *manus*, personne ne le conteste, opère un changement de famille, une *capitis minutio*. Comment concevoir une *capitis minutio* produisant effet sur les biens seulement, et non sur la personne? Est-ce que son effet direct n'est pas précisément de faire perdre l'état qu'on avait, d'effacer

(1) Gaïus, I, 111, 114, 115 bis, 118, 136; II, 139, 15, III, 3; Ulpien, XXI, 16; Collat, XVI, II, 14. Les mots *manus* et *potestas* sont parfois employés commé synonymes.

(2) Voy. M. Gide, dans son ouvrage si remarquable sur la *Condition privée de la Femme*.

(3) L. 1, § 8. D. 41, 2.

la personnalité juridique antérieure, et de donner à la personne qui la subit une personnalité juridique nouvelle. Par exemple, la femme acquiert des droits de succession dans la famille de son mari; si la *manus* n'avait effet que sur ses biens, d'où lui viendrait cette capacité qu'elle n'avait point? Comment la comprendre, si la *manus* ne lui a point fait acquérir, au point de vue actif et positif, un état, une capacité différente de celle qu'elle avait précédemment? La femme *sui juris* devient, par suite de la *manus*, *alieni juris*. C'est là, bien manifestement, un changement qui affecte sa personne, à tel point que l'on se sert de la même expression pour la personne qui se donne en adrogation, c'est-à-dire qui passe sous la *patria potestas* d'un autre.

Le mari avait le droit de désigner dans son testament quel serait le tuteur de sa femme *in manu;* souvent il n'en usait que pour lui laisser le choix de son tuteur (*tutor optivus*). A défaut de cette désignation, la femme se fût trouvée sous la tutelle des agnats de son mari.

La *manus* avait pour effet de modifier la composition du tribunal domestique qui aurait à juger la femme *in manu :* comme sa personnalité est, par la *manus*, absorbée par celle du mari, ce seront les cognats du mari qui le composeront.

Nous avons vu que la femme *in manu* avait droit de succéder en qualité de *sua heres*, dans la famille de son mari, comme si elle en faisait partie depuis sa naissance : elle concourait, avec ses propres enfants, dans la succession de son mari. C'était une compensation à cet effet si rigoureux de la *manus*, qui faisait acquérir au mari tous les biens qu'avait la femme; le mari est également propriétaire de tout ce qu'elle peut acquérir par la suite. Quand se fut introduite l'habitude du divorce, on dut obvier aux suites ruineuses de la *manus* pour la femme : elle est riche, lors de la *conventio in manum,* tous ses biens sont acquis à son mari d'une manière incommutable, et, quand le divorce interviendra, elle ne pourra les reprendre. Elle se trouvera dépourvue de tous biens en même temps qn'elle aura perdu ses droits de succession, et dans sa famille d'origine, par la *manus*, et dans celle de son mari, par l'extinction de la *manus*. Pour remédier à une telle injustice, on imagina les *cautiones rei uxoriæ :* le mari s'engageait à rendre à la femme, en cas de divorce, tout ou partie des biens qu'elle lui apportait. C'était si équitable et si naturel, que le préteur accorda bientôt une *actio rei uxoriæ*, dans le cas où on aurait omis ces *cautiones*.

La femme *in manu* ne pouvait faire de testament; nous n'aurions point à examiner cette question (car pour faire un testament il faut être *sui juris*), si Cujas n'avait soutenu l'opinion contraire. S'appuyant sur ce passage de Cicéron : « Si une femme fait un testament sans avoir subi de *capitis minutio*, il ne paraît point que le préteur le tienne pour valable (Top. IV) ; » si la femme est *in manu*, il y a eu *capitis minutio* et le testament ne sera plus nul ; tel est son raisonnement. Mais le grand jurisconsulte n'a point pris garde au commentaire de Boëce sur les Topiques qui explique ainsi la pensée de Cicéron : « La femme qui n'avait point éprouvé de *capitis diminutio* avait-elle fait un testament sans l'autorisation de son tuteur ; on se demandait alors si le préteur donnerait la *possessio secundum tabulas.* » Cette explication détruit l'argument *a contrario* de Cujas, qui d'ailleurs n'aurait pu triompher des règles les plus précises de la législation romaine sur les testaments.

Le mariage même légitime (*justæ nuptiæ*) ne pouvait pas seul produire la puissance maritale ; la femme tombait sous cette puissance (*in manum conveniebat*) de trois manières : par la confarréation, ou la coemption, ou l'usage (*farreo, coemptione, usu*) (1). Mais pourquoi différents modes de création de la *manus*? Que signifie la distinction entre la *confarreatio*, ou la *coemptio* et l'*usus*? Nous allons en parler brièvement.

A. — *La Confarreatio.*

Le mariage par la *confarreatio* fut, dès l'origine, celui des patriciens. Les cérémonies symboliques et mystérieuses qui l'accompagnaient, consistaient dans une sorte de sacrifice pour lequel on se servait d'un pain de froment (*farreus panis*), d'où est venu le mot de confarréation (*farreum*). Ce sacrifice était accompagné de certaines solennités et de paroles sacramentelles, le tout en présence de dix témoins. Rien ne nous fait connaître les paroles solennelles prononcées dans la cérémonie ; il est probable que l'on procédait par interrogations successives, comme dans l'adrogation. Quoi qu'il en soit, on ne saurait trop constater le caractère particulièrement religieux de la *confarreatio*. Pline dit dans son *Histoire naturelle* : « *In sacris nihil religiosius confarreationis vinculo erat.* » Ces cérémonies religieuses, outre qu'elles produisaient la puissance maritale, rendaient les enfants, issus du mariage, capables d'être nommés à certaines fonctions sa-

(1) Voy. Ortolan, tom. I., Hist. n° 121.

cerdotales (1); aussi est-il à présumer que la confarréation était surtout réservée aux patriciens.

B. — La Coemptio.

La *confarreatio* resta toujours confinée dans les familles sacerdotales, dans celles des plus anciens patriciens, *majores gentes*. Quant aux nouveaux venus, les *minores gentes*, les *patres conscripti* de Tarquin l'Ancien et de Brutus, qui n'eurent pas, tout d'abord, la communication des auspices, il est probable qu'ils recoururent à la formule légale de la vente solennelle *per æs et libram*, qui transmettait la propriété *optimo jure*, *ex jure Quiritium*.

Lorsque les plébéiens eurent arraché à l'aristocratie patricienne la connaissance des formules, la *coemptio* devint pour eux le mode le plus ordinaire de constituer la *manus*. La fiction de l'achat dans la *coemptio* aurait pris la place d'une vente réelle au commencement.

Gaius dit, de la manière la plus explicite, que la *coemptio* avait lieu par la *mancipatio* (2). Rien n'y manque, les cinq témoins, le porte-balance, le mari acheteur (*coemptionator*) et la femme achetée. Lorsque la femme était sous la puissance d'un ascendant, celui-ci l'aliénait; mais lorsque la femme était *sui juris*, elle ne pouvait plus être mancipée : d'un côté les droits du tuteur n'allaient pas jusqu'au pouvoir de vendre la pupille; de l'autre, c'était un principe du droit de la cité que nul ne pouvait se vendre (3). Toutefois, on fit bientôt fléchir ce dernier principe et on permit à la femme de se placer elle-même *in manu*.

C. — L'Usus.

D'après les *Douze Tables*, les objets mobiliers s'acquéraient par l'usage, c'est-à-dire par la possession d'une année : ce mode d'acquisition (*usucapio*) fut appliqué même à la femme; elle était acquise à son mari et tombait en son pouvoir lorsque, depuis le mariage, elle

(1) Tacite, *Ann.*, 4, 16.

(2) Gaïus, 1, § 108 et suivants.

(3) En outre, à l'origine, la mancipation se faisait pardevant le peuple; les femmes n'avaient pas accès dans les comices: « Quoniam cum feminis nulla communio est, » nous dit Aulu-Gelle, Nuits Att. V, 19.

avait été possédée par lui pendant une année sans interruption (*velut annua possessione usucapiebatur*). Si elle voulait éviter cette puissance, elle devait chaque année, pour interrompre l'usucapion, s'éloigner trois nuits de suite du toit conjugal (*usurpatnm ire trinoctio*). Dans tous les mariages où l'on passait une année, sans cette interruption, la puissance maritale avait lieu. Ainsi l'usucapion s'appliquait aux mariages dans lesquels on n'avait pas employé la mancipation, mais seulement la tradition de la femme. C'est ainsi que les plébéiens trouvèrent le moyen de s'organiser à l'image de la famille patricienne. Les citoyens exclus des auspices et de la participation au droit divin, de la connaissance des formules et de la participation au droit humain, mais qui n'en étaient pas moins citoyens romains, devaient rencontrer un mode d'acquérir sur leurs femmes un pouvoir analogue à celui qu'engendraient la *confarreatio* et la *coemptio*. Ils devaient trouver le moyen de s'organiser à l'image de la famille patricienne, dans les relations domestiques, et cela sans avoir recours aux sacrifices et aux formules dont les patriciens conservaient le dépôt traditionnel. Or, là où le droit civil faisait défaut intervenait le droit des gens, et de même que pour les choses *in bonis*, l'usucapion transformait la propriété du droit des gens en domaine *ex jure Quiritium*, de même l'*usus* donnait au mari la puissance maritale que ne lui attribuait point la simple tradition de la femme. — Les alliances entre plébéiens et patriciens n'étaient, avant les Douze Tables, proscrites par aucun texte de loi; mais elles étaient empêchées par l'empire de la religion et des mœurs, ainsi que par la différence des formes admises pour contracter l'union conjugale. Or, à mesure que la plèbe se fortifiait, alors que ses réclamations avaient assez d'empire pour arracher de grandes concessions à l'aristocratie, quelques unions rares, exceptionnelles, surtout favorisées par la création de la classe intermédiaire des *minores gentes*, durent se former entre les deux races, et, au moyen de l'*usus*, la fille plébéienne pouvait tomber sous la puissance du patricien auquel elle s'était unie par mariage libre. Le mariage entre patriciens et plébéiens *troublait les auspices* (1), déchirait le voile qui cachait au peuple les mystères sacrés. Aux yeux des patriciens, les mariages mêlés étaient l'équivalent des unions des animaux qui s'accouplent au hasard: car ceux qui en seraient issus ne sauraient à quel sang ni à quels sacrifices ils appartiennent.

(1) Tite-Live, IV, 1, 2.

DISPARITION DE LA MANUS.

Tant que la religion et les mœurs exercèrent leur empire à Rome, les alliances entre patriciens et plébéiens furent rares, malgré le plébiscite Canuléien : elles se multiplièrent à mesure que cet empire s'affaiblit. Or, ces unions entre les deux races, toujours livrées à la jalousie et à la défiance, devaient conduire à généraliser un système qui rapprochait les époux aussi peu que possible. Les femmes voulaient garder leur indépendance personnelle et la libre administration de leurs biens paraphernaux. L'usage où elles étaient de se réserver des biens paraphernaux (1), annonce de plus en plus le grand nombre de mariages exempts de *manus*. Vers la fin de la République, cette vieille institution avait bien perdu dans la pratique journalière (2).

Gaius nous apprend que, de son temps, l'acquisition de la *manus* par l'usage était en partie abrogée par des lois, en partie tombée en désuétude; que la confarréation était pratiquée pour les grands flamines, c'est-à-dire les pontifes particuliers de Jupiter, de Mars et de Quirinus; que la coemption avait encore lieu, et qu'on l'employait fictivement, dans des cas autres que le mariage, afin d'éluder certaines dispositions de l'ancien droit (3). Ulpien nous dit quelque chose de la confarréation dans les fragments qui nous restent de lui (4). Mais sous Constantin, ce mode religieux disparut totalement avec le paganisme; il ne resta tout au plus que la coemption, qui finit elle-même par tomber en désuétude. A l'époque de Justinien, depuis longtemps il n'était plus question de puissance maritale (*manus*) : aussi les Institutes n'en disent pas un mot; les filles qui se marient restent toujours dans la famille de leur père, n'y perdent aucun de leurs droits d'agnation, n'entrent pas dans la famille du mari; elles n'y deviennent que des alliées.

Ainsi, le mariage libre flattait les goûts d'indépendance de la femme, maintenait l'intégrité des droits des agnats; il empêchait la confusion intime des plébéiens et des patriciens; il facilitait le di-

(1) L'existence des biens paraphernaux était radicalement incompatible avec la *manus*, titre d'acquisition universel pour le mari. Pothier en avait déjà fait la remarque, Pand., t. I, p. 21 *in fine*.

(2) Cicéron, *De Orat.*, 1, ch. LVI.

(3) Ortolan, t. I. Hist. nº 322,

(4) Ulp. Reg. tit. IX.

vorce. Cette forme se généralisa donc peu à peu, et absorba la vieille sévérité des mœurs conjugales dans un relâchement inouï.

Nous avons vu plus haut le caractère et les effets du mariage avec la *manus;* examinons maintenant de près les effets juridiques du mariage libre.

Lorsque le mariage n'était pas accompagné de la *manus*, il laissait la femme dans sa famille, et ne la faisait point passer dans celle de son mari. Était-elle *filia familias*, la puissance paternelle persistait dans toute son énergie; si elle était en tutelle, suivant la loi qui voulait que toute femme *sui juris* le fût toute sa vie, ses tuteurs conservaient sur ses biens les droits qu'ils avaient avant son mariage, à l'exception de la dot, qu'elle n'a pu constituer qu'avec leur permission. Cela n'empêchait point la femme d'être soumise à la puissance maritale. Elle doit à son mari respect et obéissance en tout ce qui n'est pas malhonnête; celui-ci, de son côté, doit l'entretenir et la protéger.

Le mari a le droit de châtier et de punir les fautes de sa femme: si elle est *sui juris*, comme la tutelle ne donne de droit que sur les biens de la femme, aucun conflit ne pourra avoir lieu entre les puissances tutélaire et maritale; mais si elle est *filia familias*, son mariage n'ayant point fait disparaître la puissance paternelle, sera-ce au père qu'appartiendra le droit de punir la femme, ou au mari? A l'un et à l'autre, en ce sens que chacun d'eux a le droit d'assembler le tribunal de famille, dont ils font partie tous les deux. Ce tribunal, sorte de censure domestique, remonte certainement à l'origine de Rome, et, sans doute, les Romains n'ont fait que l'emprunter aux peuples du Latium. Sa composition, comme d'ailleurs sa compétence, échappe à toute règle précise. Ce qu'on peut affirmer, c'est qu'on ne prenait pas en considération, pour le constituer, la parenté légale, l'*agnation*, mais seulement la parenté naturelle, la *cognation*. Cela vient, sans doute, de ce qu'il existait avant que l'*agnation* fût créée; et, comme il n'a jamais été réglementé par la législation, on a continué à appeler à en faire partie les plus proches parents, agnats ou non, auxquels on ajoutait les vieux amis de la famille (*propinquos et amicos*). Ce tribunal préside à tous les événements importants de la famille; surtout, il assiste le *pater familias*, qui juge et punit les fautes de sa femme et de ses enfants. Celui-ci aurait pu prendre une décision contraire à la sentence qu'il a rendue, il aurait pu même ne point le convoquer; mais, chez ce peuple qui avait un si grand respect pour les traditions, en agissant de la sorte, il s'exposait à une accusation criminelle et à une condamnation. S'il était sénateur, le censeur le chassait du Sénat. Valère-Maxime nous en rapporte un exemple, à propos de l'Antonius. C'était surtout en ce qui regarde les femmes que le tribunal domestique était investi par les mœurs d'une autorité particulière. Leur mariage n'avait point pour effet d'en changer la composition; c'étaient toujours leurs plus proches parents qui en faisaient partie : leurs maris en devenaient en outre membres de droit, ainsi que les personnes sous la puissance desquelles ils étaient. Le mari se rencontrait avec le père dans cette assemblée, et les puissances maritale et paternelle pouvaient s'exercer d'un commun accord. Le tribunal de famille condamnait, selon la gravité des faits, à des pénalités rigoureuses; il prononçait même la peine de mort; on avait pleine confianee en sa terrible impartialité; et il pouvait prévenir par sa décision celle des tribunaux publics (Valère Maxime, à propos des empoisonneuses *Publicia* et *Licinia*), car on était assuré qu'il ferait justice. Aussi, à chaque page de l'histoire romaine, voit-on mentionner le tribunal domestique, qui, pendant longtemps, a maintenu les mœurs dans la République.

La femme, dans le mariage libre, c'est-à-dire sans *manus*, conserve la propriété de tous ses biens, à l'exception de ceux qu'elle a déclaré formellement se constituer en dot. Le mari est plein propriétaire de la dot; qu'elle soit constituée par la femme, ou par son père, son ascendant paternel, tenu par la loi de doter leur fille ou petite-fille, ou qu'elle le soit par un parent quelconque ou un ami, le mari aura sur les biens qui lui seront ainsi apportés pour subvenir aux charges du mariage le *dominium ex jure Quiritium.* Mais la loi Julia *De Adulteriis* lui défendit d'aliéner les immeubles dotaux sans le consentement de sa femme. Il lui fut également défendu de les hypothéquer, même avec son consentement. Ce fut une conséquence du sénatus-consulte Velléien, qui défendait aux femmes tout acte d'*intercessio* (il y avait *intercessio* lorsque la femme s'obligeait ou engageait un de ses biens pour garantir la dette d'autrui). Dans le droit classique, si le mariage était dissous par le prédécès de la femme, le mari, à moins de stipulation contraire, gardait la dot. Cependant, si elle avait été constituée par le père ou un ascendant paternel, qui survivait à son enfant, elle devait lui être restituée. Le mariage était-il dissous par le divorce ou le prédécès du mari, il y avait lieu à la restitution de la dot. Justinien décida que, dans dans tous les cas, la dot devrait être restituée. Avant Justinien, la femme n'avait, pour assurer le recouvrement de sa dot, qu'un *privilegium inter personales actiones*, qui la faisait seulement passer avant les créanciers chirographaires. Justinien lui accorda d'abord une hypothèque tacite; plus tard, il décida que cette hypothèque serait privilégiée, et qu'ainsi la femme passerait, sur les biens de son mari, avant tous les autres créanciers, même avant ceux qui avaient déjà hypothèque lors du mariage (1).

Les époux étaient incapables de se faire des donations. Cette interdiction n'avait point toujours existé; elle n'a été introduite par la coutume (*Moribus apud nos receptum est*, dit Ulpien), que vers la fin de la République. Nous voyons, en effet, la loi Cincia, rendue en l'an 550 de Rome, loin de défendre ces donations, les favoriser, et permettre de donner plus à son époux qu'à un étranger. Un des motifs de la prohibition fut la crainte que l'un des époux n'arrachât à l'autre des donations en le menaçant de le répudier, et le divorce ne devint commun qu'au VIIe siècle. Ulpien, il est vrai, en donne une autre raison, c'est que la donation aurait pu être le résultat d'un entraînement irréfléchi et être trop considérable : *Ne mutuato amore invicem spoliarentur, donationibus non temperantes, profusa erga se facilitate.* Sans nier la valeur de cette considération, nous ferons remarquer que si elle eût été seule, il n'était pas nécessaire de prohiber totalement les donations, il suffisait de les réduire dans de justes limites. La prohibition n'était pas absolue; il y avait plusieurs exceptions : d'abord, lorsque le donataire part pour l'exil; il y a là un motif d'humanité; lorsque la donation est à cause de mort. En effet, *in hoc tempus excurrit donationis eventus, quo vir et uxor esse desinunt* (Gaïus). La prohibition ne s'appliquait point davantage lorsque la donation est faite *divortii causa*; outre qu'on peut donner le motif que donne Gaïus, il ne paraissait pas à craindre qu'une telle donation fût excessive.

Sauf ces exceptions, les donations entre époux étaient entachées d'une nullité radicale ; elles étaient nulles pour le tout. Un sénatus-consulte, rendu sous Septime-Sévère et Caracalla, modifia cette législation; il décida que la donation faite par l'un des époux à l'autre ne serait plus nulle, mais seulement révocable; si le donateur décède sans l'avoir révoquée, elle se trouvera confirmée et sera valable. C'est dans ce sénatus-consulte qu'il faut voir l'origine de la législation qui régit encore actuellement les donations entre époux.

Nous devons mentionner que le mariage rendait impossible l'action *Furti*, si l'un des époux se rendait coupable d'un vol envers son con-

(1) Loi *Assiduis*, Code VIII, 18, L. 12.

joint; ce dernier ne pouvait intenter que l'action *rerum amotarum*, en réparation du préjudice causé qui, à la différence de l'action *Furti*, n'était point infamante.

Enfin, il est à remarquer que, bien avant que le sénatus-consulte Velléien eût défendu d'une manière générale à toute femme d'intercéder pour autrui, des édits d'Auguste et de Claude avaient déjà prohibé l'intercession d'une femme mariée au profit de son mari; c'était dans l'intérêt de la dot, pour en assurer plus efficacement la restitution. Depuis le sénatus-consulte Velléien jusqu'à Justinien, il n'y a plus d'intérêt à distinguer si l'*intercessio* a lieu au profit du mari ou de toute autre personne; mais ce prince modifie considérablement l'ancienne législation. L'incapacité complète, absolue de la femme ne tient plus à son sexe, mais à sa position de femme mariée; c'est dans l'intention de garantir la dot d'une façon certaine qu'il déclare nulle toute intercession de la femme au profit de son mari. Au contraire, si c'est pour un tiers que la femme intercède, il suffit que son engagement ait été accompagné d'une juste compensation pour elle, ou qu'elle ait réitéré après deux ans sa ferme volonté de s'obliger, pour qu'il soit valable (1). Si son engagement avait été contracté pour son mari, quelles que fussent les ratifications qu'elle y apporterait, quelle qu'en fût la cause, il serait frappé d'une nullité radicale et absolue. Dans sa *Novelle* 134, Justinien paraît admettre une exception à cette défense pour le cas où l'obligation aurait été contractée et l'argent employé dans l'intérêt de la femme. Mais l'exception n'est qu'apparente; car, dans cette hypothèse, il n'y avait pas *intercessio*, et un tel engagement ne tombait point sous le coup du sénatus-consulte Velléien. Cette législation de Justinien sur les *intercessiones* fut appliquée dans la plus grande partie de l'Europe; en France, non-seulement elle régit les pays dits de droit écrit, mais elle fut adoptée par la plupart des pays de coutume et a subsisté jusqu'à la Révolution. Les rédacteurs du Code civil ne l'ont point reproduite.

(1) L. 22, 23, 24, 25, Code IV, 29.

III. — DU MARIAGE A L'ÉPOQUE CLASSIQUE.

SECTION I

De l'intervention de l'Autorité sociale ou religieuse.

Dans la législation romaine, le mariage, qui occupait une place si importante à côté des autres sources de la puissance paternelle, fut et resta toujours un acte purement privé; il nous apparaît affranchi dans sa formation de toute intervention du pouvoir social. A défaut de la société, la religion du moins présidait au mariage. Il en est ainsi d'ordinaire chez les peuples primitifs, dont la faiblesse aime à se placer en toutes choses sous la protection de la divinité. Quoique les Romains corrompus aient fini par se fatiguer de cette intervention de la divinité, cependant ils n'osèrent pas rompre absolument avec la coutume religieuse, nous en recueillons çà et là les vestiges dans l'œuvre des poëtes et des historiens.

Le premier jour, au dire d'Ovide, était consacré à la pudeur; et l'on n'est pas peu surpris de trouver, au sein du polythéisme, comme un débris perdu des traditions primitives, une pensée religieuse essayant, en quelque sorte, de consacrer ces premiers moments de la vie conjugale. L'instant du mariage arrivé, on prend les auspices (1); puis viennent les prières et les sacrifices aux dieux. Le dieu Jugatinus préside à l'union conjugale; il faut conduire l'épousée à la demeure de l'époux, et l'on appelle le dieu Domiducus; l'y retenir est l'emploi du dieu Domitius. On invoque le génie du lit nuptial (*sacri genïus fulcri*) (2). On dispose dans le *cubiculum* les statues des divinités (3);

(1) Valère-Maxime, liv. II, ch. 1, nº 2.

(2) Testus, Vº Genialis lectus.

(3) V. dans saint Augustin, *Cité de Dieu*, liv. VI, 9, la nomenclature des divinités qui présidaient aux diverses phases de l'union conjugale.

on y dresse enfin un autel à Priape, autel dont l'épouse, avant de se donner à l'époux, montera les degrés d'ivoire pour se poser sur les genoux du dieu et lui consacrer les prémices de sa pudeur (1).

SECTION II

Cérémonies privées.

Si les formes qui donnent la puissance maritale n'ont jamais été considérées comme des éléments du juste mariage, faut-il en dire autant de la pompe des noces et des diverses solennités dont les hommes se sont plu, dans tous les temps, à entourer un acte de cette importace? Nous avons résumé déjà celles de ces cérémonies que distingue un caractère religieux; parmi les autres, dont le détail ne nous semble pas offrir un bien grand intérêt juridique, il en est une seulement qui mérite de fixer l'attention, et dont nous essayerons plus loin de pénétrer le sens caché; nous voulons parler de la *deductio*, conduite traditionnelle de l'épouse à la maison de son époux. Ce tableau poétique, dont nous empruntons tous les traits à Festus, à Ovide, à Pline, à Plutarque, à Juvénal, à Tacite, en un mot, aux écrivains les plus célèbres de Rome, ne nous paraît pas inutile. Outre qu'il a sa place marquée dans un chapitre où l'on s'occupe de la nature du mariage, il nous semble singulièrement propre à jeter un jour tout nouveau sur les mœurs, les coutumes et la religion de Rome; de sorte qu'on connaît mieux le caractère d'un peuple, et qu'on s'explique mieux ses institutions par les détails de sa vie privée que par les hauts faits de son histoire.

La tête ornée d'une couronne de cheveux (*seni crines*), où l'on fixait un dard de pique (*cælibaris hasta*), retiré du corps d'un gladiateur immolé dans l'arène, revêtue d'une robe sans couture que serrait à la taille une ceinture de laine de brebis, les traits voilés du *flammeum* et portant dans les mains une quenouille garnie de son fil; — ainsi la jeune fille, arrachée des bras de sa mère avec une violence feinte, s'avançait au milieu d'un joyeux cortége vers la demeure de son fiancé. Au seuil, decoré de feuillages et frotté d'huile, que ses pieds en le franchissant ne devaient point toucher (2), la nouvelle épouse

(1) Saint Augustin, *Cité de Dieu*, lib. VII, ch. 24.

(2) A l'origine, la jeune femme était enlevée par les gens du mari; on la déposait dans un lieu voisin de la maison jusqu'à ce qu'on eût abattu, pour la faire entrer, un pan de la

était accueillie avec des paroles solennelles et consacrées : on lui demandait comment elle se nommait, et elle répondait : « *Ubi tu Caïus,* » *ego Caïa.* » « Qui es-tu? viens-tu seulement réclamer une hospitalité » passagère? » et la femme répond : « Là où tu habites, moi je viens » habiter; là où tu iras, je te suivrai. » C'est la déclaration de vie commune qui s'applique à toutes les justes noces et non pas seulement aux unions accompagnées de la *manus.* — Enfin le fiancé, marchant à la rencontre de sa fiancée, lui présentait l'eau et le feu, *quod hæ duæ res* (*aqua et ignis*), dit Festus, *humanam vitam maxime continent.* Lors de toutes les unions conjugales, on recevait l'épouse dans la maison du mari avec l'eau et le feu. Cette cérémonie a pu tirer son origine de la confarréation, mais elle passa dans les solennités des mariages ordinaires. L'usage de cette solennité symbolique était si général, que les poëtes et les orateurs l'ont regardée souvent comme un rite nécessaire du mariage. Mais tous ces incidents de la déduction disparurent avec les mœurs primitives, et bientôt il n'en resta plus que le souvenir. Nous ferons, du reste, remarquer en terminant que tout ce cérémonial n'avait rien d'obligatoire; mais il était tellement entré dans les mœurs que nous ne pouvions pas le passer complétement sous silence.

SECTION III

Du fait constitutif du Mariage.

A quel moment donc rattacher la formation du lien conjugal? A quel signe reconnaître le lien du mariage?

Ce fut une doctrine admise longtemps sans contestation, que le mariage en droit romain était purement consensuel. Cette opinion, qui fut celle des commentateurs Cujas, Pothier, Donneau, est de nos jours vivement attaquée. On prétend que si le consentement des parties était sans doute nécessaire, un consentement nu se trouvait néanmoins insuffisant.

muraille, car elle ne devait pas entrer par la porte. Ces coutumes rappelaient les unions violentes qui fondèrent dans Rome la société plébéienne. Mais abattre un pan de muraille, introduire l'épouse dans la maison par la brèche, c'était un symbole toujours coûteux et souvent impraticable. Il fut remplacé, de bonne heure sans doute, par un usage plus simple. La femme ne devait pas passer le seuil de la maison du mari. Les amis de l'époux l'enlevaient et la portaient comme violemment à l'intérieur. (Festus, v° *rapi.* Les *pronubæ* veillaient à ce que ses pieds ne touchassent pas le seuil. Cette pratique devint générale.

L'élément constitutif du mariage c'est la volonté, chez deux personnes de sexe différent, de vivre ensemble comme mari et femme, volonté réalisée par une certaine exécution. Il n'y a rien de semblable à ce que nous appelons chez nous la *célébration du mariage;* chez les Romains, la loi civile ne prescrit aucune solennité, aucune forme particulière; elle ne prescrit l'intervention d'aucun officier public. C'est ce que disent expressément les empereurs Théodose et Valentinien (1).

Nous avons dit que la volonté des deux parties ne suffit pas pour qu'il y ait mariage entre elles, il faut de plus une certaine réalisation de cette volonté. Tout d'abord cela n'est réellement pas contraire à la règle, souvent exprimée par les jurisconsultes romains : *Nuptias non concubitus, sed consensus facit* (2). En effet, le sens de cette règle n'est point que le mariage existe dès qu'il y a consentement à ce qu'il existe. La règle peut signifier deux choses, mais elle ne signifie pas que le mariage existe *solo consensu.* Elle signifie d'abord qu'il peut y avoir cohabitation (*concubitus*) sans qu'il y ait mariage : un homme et une femme qui cohabitent ensemble ne sont pas pour cela mariés, s'il n'ont pas l'un et l'autre la volonté d'être mariés. Cette première signification est tellement évidente qu'il est absolument inutile d'insister davantage. Du reste, la règle *Nuptias non concubitus, sed consensus facit*, a une autre signification : elle signifie que le mariage peut exister, quoiqu'en fait il n'y ait encore eu aucune cohabitation entre les époux. Ainsi, lorsque j'affirme que, pour qu'il y ait mariage, il faut et la volonté et une certaine réalisation de cette volonté, la réalisation dont je parle ne se confond pas nécessairement avec la cohabitation. Cette deuxième signification de la règle est parfaitement indiquée par Ulpien lui-même, lorsqu'il dit : « Un legs ayant été fait à un homme sous la condition qu'il prendra femme dans telle famille, la condition est considérée comme accomplie dès que la femme a été épousée, bien qu'elle ne soit pas encore entrée dans la chambre à coucher du mari. En effet, ce n'est pas la cohabitation, c'est le consentement qui fait le mariage (3). »

Si le *concubitus* n'est pas nécessaire pour qu'il y ait mariage, cependant, je le répète, on aurait tort d'en conclure que chez les Romains le mariage pût se former *solo consensu.* C'est ce que nous

(1) L. 1. D. De ritu nupt. (23, 2).
(2) Voy. notamment Ulpien, L. 30, D., De reg. jur.
(3) L. 15, D, De condit. et demonstr. (35, 1).

allons maintenant essayer de démontrer. Nous pouvons présenter, à cet égard, plusieurs arguments :

1° Lorsqu'un homme qui a son domicile à Rome, et qui s'y trouve actuellement, et une femme qui, pour le moment, est absente de Rome, veulent se marier ensemble, le mariage, malgré leur volonté, ne pourra commencer d'exister tant que la femme ne sera pas de retour à Rome. Dans le cas inverse, au contraire, lorsque c'est l'homme domicilié à Rome qui pour le moment en est éloigné, tandis que la femme s'y trouve, le mariage peut très-bien commencer avant le retour du mari, si, par exemple, la femme vient s'établir chez lui. Cette double règle est exprimée par le jurisconsulte Paul, en termes très-concis, lorsqu'il dit : *Vir absens uxorem ducere potest ; femina absens nubere non potest* (1). Évidemment, la distinction dont il s'agit serait tout à fait inexplicable si le principe était que le mariage peut se former *solo consensu*, car le consentement des deux parties peut s'exprimer par lettres ou par messager, aussi bien quand c'est la femme qui est absente que quand c'est l'homme (2).

2° Personne ne soutient qu'il puisse y avoir concubinat entre un homme et une femme *solo consensu*. Si donc le mariage pouvait se former *solo consensu*, ce serait là une différence notable entre le mariage et le concubinat, et les jurisconsultes romains n'auraient pas manqué de la signaler. La concubine ne différait de l'épouse que par la seule intention. Le fait corporel de la tradition existait à son égard ; mais l'intention, qui fait la tradition légale, manquait. Ainsi, pour savoir si telle femme est *concubina* ou *uxor*, une seule chose est à considérer, l'intention ; du reste, le concubinat suppose autre chose que le simple consentement ; donc le mariage aussi suppose autre chose que le simple consentement.

3° Lorsqu'un citoyen romain et sa femme ont été faits prisonniers par l'ennemi, s'ils sont restés en captivité l'un près de l'autre, de manière que la cohabitation ait été possible, et si ensuite ils sont tous deux revenus à Rome, alors, par l'effet du *postliminium*, leur mariage est considéré comme n'ayant jamais été dissous. Les empereurs Sévère et Antonin avaient rendu un rescrit en ce sens ; voyez L. 25, D., De Capt. et postlim. (49, 15). Au contraire, supposons que

(1) Sentences, II, XIX, § 8.

(2) Pomponius, L. 5, D., de ritu nupt. (23, 2). — « Mulierem absenti per litteras ejus, vel per nuntium posse nubere placet, *si in domum ejus deduceretur*. Eam vero quæ abesset, ex litteris vel nuntio (suo) duci a marito non posse : deductione enim opus esse in mariti, non in uxoris domum, quasi in domicilium matrimonii. »

le mari seul a été fait prisonnier par l'ennemi et que la femme est restée à Rome; que décider lorsqu'au bout d'un certain temps le mari recouvre la liberté? Le mariage est dissous, et cette dissolution n'est point empêchée par la circonstance que la femme veut rester mariée et qu'elle continue de demeurer *in domo mariti:* les anciens époux peuvent seulement se remarier l'un à l'autre (1). De tout cela, nous concluons que pour le maintien du mariage, il ne suffit pas que les époux aient la volonté de rester mariés; qu'il faut, de plus, en fait, que la cohabitation soit possible, quand le mari le désirera. Si la seule volonté des parties est impuissante à faire continuer le mariage qui existe entre elles, ne sommes-nous pas fondé à dire que la seule volonté doit être impuissante à faire commencer le mariage?

Un grand nombre de difficultés apparentes se résolvent par le même principe (2). Il faut donc tenir pour constant que le mariage, en droit romain, se formait par le consentement, et par la tradition de la femme opérée d'une manière quelconque, suivant les règles communes du droit sur la tradition. Il n'était pas nécessaire que le mariage eût été consommé par la cohabitation; il existait dès que l'épouse avait été conduite ou livrée d'une manière quelconque au mari: « *Statim atque ducta est uxor, quamvis nondum in cubiculum mariti venerit. Nuptias enim non concubitus, sed consensus facit* (3). »

En résumé, nous devons constater qu'il n'y avait chez les Romains rien de semblable à ce que nous appelons la célébration du mariage; nulle intervention d'une autorité sociale ou religieuse, nulle exigence de cérémonies consacrées, nulle nécessité générale (nous l'établirons bientôt) d'un écrit constatant, soit le mariage lui-même, soit les conventions matrimoniales. Le mariage était formé dès que la volonté des parties de vivre ensemble comme mari et femme se trouvait réalisée par une certaine exécution. A la vérité, nous ne trouvons pas, chez les jurisconsultes, de mots qui leur servît à désigner cet acte matériel dont le *matrimonium* tirait sa perfection. Mais remarquons que déjà, à l'époque où ils écrivaient, la réhabilitation de la femme avait commencé; la *manus* tendait à n'être plus qu'un souvenir. Insensiblement les mœurs nouvelles produisirent un mariage nouveau, et l'on vit succéder à cet état de fait que nous avons dit, une union plus noble et plus épurée.

(1) Paul L. 1, D., De divortiis (24, 2). L. 8, D., De captiv. et postlim (49, 15). L. 12, § 4, D., eod. Tit.

(2) Voir le rescrit d'Aurélien, Cod. 5, 3, 6.

(3) D. 35, 1, 15, f. Ulp.

IV. — DU MARIAGE AU BAS EMPIRE.

Les modifications les plus importantes à signaler, dans cette quatrième période du droit romain, sont relatives à la rédaction d'un écrit. Nous allons indiquer rapidement les variations de la loi sur cette matière.

Quelquefois, à l'occasion du mariage, on dressait un acte, soit pour régler les conventions relatives aux biens (*instrumenta dotalia*), soit pour constater le mariage (*nuptiales tabulæ, instrumenta ad probationem matrimonii*); mais ces actes n'étaient que des moyens de preuve; ils ne faisaient pas le mariage si celui-ci n'avait pas eu lieu, et réciproquement le mariage contracté sans ces titres n'en existait pas moins (1). Le mariage chez les Romains, ne résultant pas, comme chez nous, d'un acte de célébration contracté sur les registres, il devait être assez difficile d'en prouver l'existence; car la preuve n'en était soumise à aucune forme. Mais, en fait, la difficulté disparaissait, au moyen de certaines présomptions qui avaient été admises. Ainsi, toutes les fois que la femme, avec laquelle cohabite un citoyen romain, est ingénue et honnête, on présume qu'il y a mariage. Dans le cas contraire, *inter impares honestate personas*, on présume qu'il y a simplement concubinat, et pour faire tomber cette présomption, des lois anciennes paraissent avoir exigé la confection de *dotalia instrumenta*. Justinien ne les rappelle, au surplus, que pour les abroger expressément (2). Mais lui-même, aux §§ 1 et 5 de cette constitution, tout en affranchissant les comédiennes et leurs filles de l'antique prohibition de mariage dont elles étaient frappées, leur imposa l'obligation de faire dresser des *instrumenta dotalia*. Ceux-ci sont également indispensables lorsque les époux, en s'unissant, prétendent légitimer des *liberi naturales* issus d'un concubinat antérieur (3).

(1) C. 5, 4, 13.

(2) L. 23, § 7, C., De nuptiis,

(3) L. 6, 10 et 11, De natur. lib.; Inst. Just., § 13, De nuptiis; nov., XII, ch. IV.

Pour constater le mariage, quelquefois l'attestation des amis, des voisins, suffisait au besoin (*consortium consensu atque amicorum fide; — vicinis vel aliis scientibus*) (1). Néanmoins, Justinien introduisit, peu après, de notables innovations sur ce point. Dans sa *Novelle LXXIV*, il raconte que des abus étaient nés de l'absence de preuves préconstituées, et qu'on pouvait établir un mariage qui n'avoit point d'existence : la femme établissait par témoins que son mari l'avait traitée comme *domina*. Pour remédier à un pareil état de choses, il exige, dans la *Novelle LXXIV*, chap. 4, à peine de nullité : 1° que les personnes revêtues de grandes dignités, jusqu'au rang d'illustres, ne pourraient contracter mariage sans contrat dotal; 2° que les autres personnes, à l'exception des pauvres, des agriculteurs et des soldats, seraient obligées, au moins, de se présenter devant le défenseur de quelque église et de déclarer leur mariage, l'année, le mois et le jour où elles l'avaient formé; déclaration dont on devait prendre acte en présence de trois ou quatre témoins. Cette dernière disposition, il est vrai, paraît abrogée, plus tard, par la *Novelle CXVII*, chap. 4.

Suivant Troplong, Justinien est le premier qui fit intervenir les ministres de la religion dans les cérémonies du mariage. On doit craindre ici une erreur qu'il importe de rectifier. Il faut remarquer que Justinien, en exigeant la confection du *dotale instrumentum*, ou du moins une déclaration devant le *defensor Ecclesiæ*, statue pour une seule classe de personnes, et établit ainsi une distinction peu compatible avec les principes de la religion qui s'appliquent indistinctement aux petits comme aux grands. En second lieu, ce n'est pas une cérémonie qu'il exige, mais un écrit, une espèce de contrat de mariage. S'il est ensuite question de *defensor Ecclesiæ*, ce n'est que subsidiairement, et alors même le défenseur de l'Église, qui n'est pas un prêtre, mais un juge, n'intervient que pour recevoir une déclaration et en dresser acte. Il y a loin d'une semblable déclaration à une bénédiction nuptiale. Celle-ci suppose, nécessairement, la présence des deux parties, et, au contraire, la déclaration exigée par Jutinien peut n'être faite que par l'un des deux conjoints; il suffit même d'un acte dressé sans aucune comparution et déposé dans les archives.

En lisant la *Novelle LXXIV*, chap. 4, on ne peut guère se méprendre sur l'intention de Justinien : il veut substituer la preuve littérale à la preuve testimoniale, et, dans ce but, l'office du *defensor*

(1) C. 5, 4, 22 et 9.

Ecclesiæ n'était que subsidiaire. Aussi, dans une constitution postérieure (1), l'empereur, expliquant son intention, exige positivement un *instrumentum dotale*, et dispense de cet acte tous les sujets de son empire qui n'étaient pas revêtus des principales dignités ; sans doute, parce que les intérêts pécuniaires, compromis par l'absence de cet acte, étaient moins importants.

C'est l'empereur Léon VI qui le premier exigea, pour la validité du mariage, une cérémonie religieuse (2) : « *Itaque quemadmodum adhibitis sacris deprecationibus adoptionem perfici præcepimus; sic sane etiam sacræ benedictionis testimonio matrimonia confirmari jubemus : adeo ut, si qui citra hanc matrimonium ineant, id ne ab initio quidem ita dici, neque illos in vitæ illa consuetudine matrimonii jure potiri velimus.* » La loi même qu'il fit, atteste que c'était un nouvel établissement. Aussi la constitution de Léon VI est-elle générale, tandis que Justinien, en excluant la preuve testimoniale, n'avait statué que pour les grands de son empire. De bonne heure, l'usage s'était introduit entre chrétiens de faire bénir le mariage par l'Église. Jacques Godefroy, sur la l. 3, C., *De Nuptiis*, dit que cet usage de bénédiction se perdit en Occident, et ne fut rétabli en Orient qu'au ve siècle. En Occident, non-seulement cet usage ne se perdit pas, mais il acquit bientôt force de loi ecclésiastique. Saint Ambroise, *Épître à Virgile*, n° 7, présente cette bénédiction comme indispensable. — Le Concile de Carthage, an 398, veut que cette bénédiction ait lieu avec grande solennité. La constitution de l'empereur Léon VI identifia l'union conjugale civile avec le sacrement de mariage. On doit remarquer que cette loi ne fut pas faite pour l'Occident ; mais l'intervention des évêques, dans les affaires publiques, y amena l'adoption d'une règle semblable.

(1) Nov., C. XVII, ch. IV.
(2) Nov., LXXXIX.

APPENDICE

DU CONCUBINAT (1).

Le concubinat a tenu une trop grande place dans les mœurs romaines, pour qu'il nous soit possible de le passer sous silence.

Sous la République, à côté, ou plutôt, au-dessous des mariages légitimes, apparaissent des unions irrégulières, un fait, et non une institution. Ces unions particulières se divisaient en deux classes : les unes, passagères, n'étaient qu'une satisfaction des sens (*vaga Venus*) (2); les autres, affectant un certain caractère de régularité et destinées à durer un certain temps, reposaient sur une affection morale et honnête. La défaveur dans laquelle tomba le mariage et la liberté plus grande qu'on recherchait dans ces unions faciles, contribuèrent surtout au développement du concubinat. Il était si bien entré dans les mœurs, qu'il s'imposa bientôt même au législateur; et quand Auguste porta ses lois fameuses, où, restaurant la dignité du mariage, il entreprit de vaincre chez les citoyens leur éloignement pour cette institution, il dut s'avouer son impuissance à proscrire le concubinat. C'est par ces lois, au contraire, que celui-ci fut définitivement consacré, et c'est vraiment la loi Julia qui, en exceptant de la peine du *stuprum* cette union irrégulière, mais morale, lui reconnut une existence juridique en lui donnant un nom : *per leges nomen assumpsit* (3).

On peut définir le concubinat : une union licite (*licita consuetudo*) (4), mais en dehors du mariage (*consuetudinis causa non matrimonii*) (5), entre personnes de sexe différent. Moins honorable pour la femme

(1) Il ne faut pas confondre le concubinat avec le *Mariage du droit des gens*, dont l'existence, à Rome, ne doit pas être méconnue.

(2) L. 144, De verb. signif., D. (50-16).

(3) L. 1, § 1, De concub., D. (25-7).

(4) L. 5, Ad se Orfitian, D. (6-57).

(5) L. 34, pr., Ad. leg. Jul. de adult., D. (48 5).

que le mariage, elle ne l'élève ni au rang, ni aux titres du mari (1).

Le concubinat présente, à cet égard, une analogie remarquable avec l'union morganatique, ou mariage de la main gauche, dont la pratique s'est perpétuée jusqu'à nos jours en Allemagne, surtout dans les pays qui suivent la confession d'Augsbourg (2).

Le concubinat, comme le mariage, naissait sans qu'aucune formalité fût requise; et même des jurisconsultes ont dit, en se plaçant à ce point de vue, qu'il ne s'en distinguait que par la seule intention des parties (*ex sola animi destinatione*) (3). On pourrait croire, en conséquence, qu'il dut être parfois difficile de reconnaître la nature véritable de telle ou telle union. Mais, dans l'immense majorité des cas, le doute n'était pas possible. D'abord, il y eut toujours, et suivant les époques, toute une classe de femmes avec lesquelles un citoyen romain n'avait pas le *connubium* (4). S'agissait-il d'une union de cette nature, il ne pouvait être question que de concubinat. Quand bien même le *connubium* existait, on trouvait le plus souvent des indices certains dans la qualité des personnes et dans leur manière d'être entre elles ou dans la société *personis comparatis*, *vitæ conjunctione considerata.* C'est, nous dit Papinien, à tous ces caractères qu'il faudra s'attacher (5). Rien de pareil à la *ductio domum* n'avait lieu pour la concubine. De bonne heure, au surplus, les jurisconsultes s'accordèrent à fixer des présomptions générales qui ne laissèrent plus place à l'incertitude : un homme s'unit avec une femme dissolue, on doit, suivant eux, présumer le concubinat; au contraire, si la femme est honnête, on présumera le mariage (6). Mais ces présomptions n'étaient point invincibles, elles tombaient devant l'intention des parties clairement manifestée, soit par un acte dotal, soit par toute autre preuve indubitable, *testatione hoc manifestum faciente.* En négligeant de se prémunir de cette *testatio*, les parties se fussent exposées à de graves conséquences; car le concubinat n'étant point établi, restait ce fait de l'union d'un homme avec une femme honnête. Or, cette union avec une telle femme ne pouvait être, en dehors d'un

(1) L. 49, § 4, De legat., 3, D. (32).

(2) Voy. Pothier, *Contrat de Mariage*, n° 10, § 11.

(3) Paul, Sent., 1. II, tit. XX, § 1; L. 4, De concub., D. (25-7).

(4) Le mariage avait été défendu entre patriciens et plébéiens, ingénus et affranchis, citoyens romains et pérégrins; de même entre un proconsul et une femme de la province où il commande.

(5) L. 31, De donat., D. (39-5).

(6) L. 24, De rit. nupt., D. (23-2).

concubinat évidemment prouvé, qu'un mariage ou un *stuprum;* et, comme les parties n'avaient point justifié de leur concubinat, comme elles ne prétendaient point à un mariage, il n'y avait plus de possible que l'hypothèse d'un *stuprum* défendu et puni par la loi (1).

Malgré l'appât des priviléges que les lois caducaires réservaient au mariage, le concubinat, loin de disparaître, survécut longtemps dans les mœurs. Le christianisme, trouvant deux unions licites, s'est élevé contre le concubinat, et, avec les empereurs chrétiens, nous voyons commencer toute une série de constitutions, dont le but unique, bien que poursuivi par des moyens divers, fut d'amener les citoyens à transformer leurs concubinats en mariages. Mais il faut arriver jusqu'à Léon le Philosophe pour voir le concubinat déploré comme une aberration du législateur, et réprouvé formellement, au nom de la morale chrétienne. Le prince qui venait de donner à l'Église, alors toute puissante, le monopole de la consécration des mariages (2), ne pouvait tolérer une union à laquelle le prêtre n'eût point présidé. Aussi, l'empereur veut-il que le concubinat reste à jamais aboli, « *Lex illa in æternum sileto* » (3).

(1) L. 1, § 1; et L. 3, pr. De concub., D. (25-7).
(2) Novel., Léon, LXXXIX, c. XII.
(3) Novel., Léon, XCI.

LIVRE DEUXIÈME

DES QUALITÉS ET CONDITIONS REQUISES POUR CONTRACTER MARIAGE.

Les qualités et conditions requises pour contracter mariage se divisent en deux classes bien distinctes : les unes sont absolues; en leur absence, le mariage est impossible; les autres sont relatives; si elles ne se trouvent pas réunies, elles n'empêchent le mariage qu'avec certains individus. Ainsi, deux personnes peuvent avoir la capacité individuelle de se marier, et rencontrer encore des obstacles à l'accomplissement de leur union. Si, par exemple, deux citoyens pubères, mais parents à des degrés prohibés, avaient l'intention de se marier, ils ne le pourraient pas, parce que cette parenté qui existe entre eux forme un empêchement relatif. Notre chapitre comprendra donc deux sections. Nous ne consacrerons pas aux nullités un chapitre spécial : les jurisconsultes romains n'avaient pas adopté, en cette matière, une théorie scientifique, analogue à la théorie des nullités, telle qu'elle existe dans notre droit.

CHAPITRE Ier

Conditions absolues.

Il y a un assez grand nombre de conditions absolues, en l'absence desquelles on ne saurait contracter mariage. Ces conditions sont d'une importance très-inégale. En voici tout d'abord l'énumération :

La puberté, le consentement des époux, le consentement des ascendants, l'absence d'un premier mariage, le *connubium*; ajoutons certaines incapacités résultant du divorce, de l'adultère, de l'engagement dans les ordres sacrés, et nous aurons une liste complète. Nous ne dirons rien d'une condition spéciale à la femme veuve qui veut se remarier : la condition des dix mois de viduité; parce que la violation de cette loi n'entraîne pas la nullité du mariage. Avant d'entrer dans l'examen détaillé des conditions absolues, nous ferons remarquer que toutes ces conditions peuvent se grouper en deux catégories; la première comprenant les conditions fondées sur les raisons politiques, c'est-à-dire la liberté et la cité; la seconde réunissant toutes celles qui reposent sur des considérations morales, la faculté d'engendrer, l'absence d'un premier mariage, et toutes les autres conditions que nous avons mentionnées plus haut.

I. — La Puberté.

Pour pouvoir se marier, l'homme devait être pubère, *pubes*, et la femme nubile, *viripotens*. Mais à quel âge l'homme était-il pubère? A quel âge la femme était-elle nubile ? Primitivement, la législation romaine n'avait pas déterminé un âge fixe auquel les hommes seraient pubères. La question de savoir si un adolescent était arrivé à un développement corporel suffisant pour être considéré comme pubère, était laissée à l'appréciation du père. Les chefs de famille avaient pris l'habitude d'attester par un signe extérieur la puberté de leurs enfants : au jour des *Liberalia*, fêtes célébrées, en l'honneur du dieu

Liber, le 17 mars de chaque année, les chefs de famille faisaient quitter la robe prétexte et revêtir la robe virile à ceux de leurs enfants qu'ils jugeaient parvenus à un développement physique suffisant. Mais, comme les chefs de famille ne pouvaient ainsi fixer l'âge de puberté de leurs enfants qu'après un examen du corps, on abandonna bientôt, comme contraire à la pudeur, cet examen corporel pour les filles, et l'on fixa à douze ans la nubilité des femmes. Ainsi, déjà sous la république, les femmes étaient considérées comme nubiles à douze ans et pouvaient se marier. Gaïus et Ulpien nous apprennent que dès les premiers temps de l'Empire, les Proculéiens soutenaient que la puberté devait être fixée, pour les hommes, à un âge uniforme, à l'âge de quatorze ans. (Gaïus, 1 § 196. — Ulp., Reg., XI § 28), — Justinien consacra cette opinion des Proculéiens, en décidant que tous les hommes seraient pubères à quatorze ans, tout en maintenant l'ancienne règle, d'après laquelle les femmes étaient nubiles à douze ans accomplis (Just., 1, XX pr.).

Qu'arrivait-il, si un homme et une femme s'étaient unis dans l'intention de se marier avant d'avoir atteint la puberté? Il n'y avait point mariage. Mais si, parvenus à l'âge de puberté, l'homme et la femme persistaient toujours dans la volonté d'être époux, le mariage commençait alors, mais sans effet rétroactif: il ne datait que du jour de la puberté des époux (L. 4, D. 23,2).

Si le défaut de puberté était, aux yeux de tous, un obstacle au mariage, il y avait des doutes relativement à la vieillesse et à l'impuissance.

Il est certain que, sous Justinien, la vieillesse ne formait point un empêchement au mariage, mais il est à croire que l'empereur a été contre l'ancien droit, car il y a, dans le droit antérieur à ce prince, une foule de textes qui prouvent que le mariage était prohibé à un certain âge. C'est d'abord la loi 27 au Code *De Nuptiis*; cette loi porte entr'autres dispositions celle-ci : *Sancimus nuptiis quæ inter masculos et feminas majores vel minores sexagenariis vel quinquagenariis lege Julia vel Papia prohibitæ sunt.* Ce passage démontre bien que les unions contractées par des personnes de 50 et 60 ans étaient défendues par l'ancien droit.

Nous trouvons encore cette prohibition confirmée dans une constitution de Justinien (1). Des avocats ayant demandé à l'empereur si l'on pouvait accorder les droits de succession à un enfant né d'une

(1) L. 12, Cod. de legitimis heredibus.

femme âgée de plus de 50 ans, le prince répondit que l'enfant aurait droit à la succession de son père, car il importe que tous les enfants aient des droits égaux, quoiqu'ils aient une origine différente. Et il doit en être ainsi, dit-il, parce que nous avons permis ces sortes de mariages qui, avant nous, étaient défendus.

Quant à l'impuissance, les Romains la divisaient en deux classes. Dans la première, on plaçait l'impuissance manifestée par des signes extérieurs, celle, par exemple, qui résulte de l'absence soit naturelle soit accidentelle des organes. Dans la seconde, on mettait l'impuissance non apparente que l'on appelle en médecine légale : *Frigidité naturelle.*

Ceux qui étaient compris dans la première classe étaient les *castrati*, les seconds étaient les *spadones.*

Le mariage était toujours interdit au *castratus* parce que son impuissance était permanente et qu'il était facile de s'en assurer. Des peines très-sévères étaient infligées à ceux qui violaient cette prohibition. Une novelle de Léon le Philosophe prononça la peine infligée au *stuprum* pour les castrats qui se mariaient, et l'interdiction des fonctions sacerdotales contre le prêtre qui aurait béni cette union (1).

Le *spado* n'ayant qu'une impuissance momentanée très-difficile, sinon impossible à prouver, pouvait contracter mariage : c'est ce que nous disent une foule de textes qu'il est inutile d'analyser ici (2).

II. — Consentement des Époux.

Le mariage suppose essentiellement l'accord de volontés, le consentement de l'homme et de la femme qui se marient ensemble : le principe est que le mariage ne peut pas se former *sine consensu.* Par conséquent, une personne en démence ne peut pas contracter mariage, tandis que le mariage, une fois qu'il a été valablement contracté, n'est point dissous par cela seul que l'un des époux tombe en démence. C'est précisément ce que dit le jurisconsulte Paul : *Furor contrahi matrimonium non sinit, quia consensu opus est; sed rectè contractum non impedit* (3). Il ne suffit pas que le consentement existe, il faut qu'il

(1) Novelle, XCVIII.

(2) L. 39, § 1 de Jure dotium; L. 14, § 1. D. de manumissis vindict.

(3) L. 16, § 2. De ritu nupt.

ne soit affecté d'aucun vice assez grave pour en altérer la nature. Il faut donc qu'il soit *libre*. La loi ne distingue pas entre la violence morale et la violence matérielle. Mais le mariage une fois consommé, ne peut plus être annulé sous prétexte qu'il a été contracté sous l'empire de la crainte révérentielle. Si l'on veut apprécier cette violence morale, il importe de tenir compte de l'époque à laquelle on se place, car on n'ignore pas les changements successifs, et les adoucissements apportés à la puissance paternelle. A l'époque classique les jurisconsultes distinguaient entre le fils et la fille. Cette dernière était censée consentir, quand elle ne résistait pas ouvertement; et elle ne pouvait refuser l'époux, choisi par son père, que si c'était un homme de mauvaise vie ou réputation (1). — Enfin, quelle que soit la subordination de l'affranchi relativement au patron, pour que le patron puisse épouser la femme à qui il a donné la liberté, il faut en général que cette femme y consente. La règle souffre seulement exception quand le maître n'a affranchi son esclave que pour pouvoir l'épouser (2).

Il ne faut point s'étonner si les textes font à peu près défaut en matière d'erreur et de dol : ces questions n'avaient pas alors un grand intérêt pratique. Dans tous les cas, on avait la ressource du divorce.

III. — Consentement du Chef de famille.

Lorsque les futurs époux sont en puissance paternelle, ils ne peuvent se marier qu'à la condition d'obtenir le consentement du *pater familias* sous la puissance duquel ils se trouvent. La famille était, à Rome, une image de l'État : même constitution forte et despotique. Dans le domaine politique, l'État absorbe tout ; dans le cercle de la famille, tout aboutit au père, qui est le maître, le pontife et le roi de la famille. Ainsi, la puissance paternelle était organisée dans l'intérêt du père, et non en vue de protéger l'enfant. Cette idée fondamentale explique la plupart des dispositions de la loi.

Les jurisconsultes, partant de cette idée que le mariage fait entrer de nouveaux membres dans la famille, en concluaient tout naturellement qu'il ne peut être contracté sans le consentement de celui qui

(1) L. 1. D. de sponsalibus. Princ. et p. 1.
(2) LL. 28 et 29. De ritu nupt. Aj. L. 51, eod. Tit.

doit être le chef et le maître des nouveaux membres, des enfants à naître du mariage.

Il y avait dans la loi romaine un autre principe important, dont l'influence se faisait vivement sentir dans notre sujet : personne di-sait-on, ne pouvait être contraint de reconnaître un héritier sien : « *nemini invito suus heres agnascitur* » (1). Un héritier sien, c'est-àdire un individu qui soit juridiquement co-propriétaire, avec le *pater familias* des biens que celui-ci possède. Il y avait, dans cette venue de l'héritier sien, une sorte d'expropriation partielle, un vrai partage, qui ne pouvait être imposé au père de famille, s'il n'y consentait. Or, tous les descendants de ses fils tombant sous sa puissance, devenant ses *heredes sui*, il en résultait que le mariage de ses fils et de ses petits-fils ne pouvait avoir lieu sans son consentement. Voilà donc le fondement véritable de cette nécessité du consentement paternel. Ici, comme en tout ce qui concerne la puissance paternelle, l'intérêt de l'enfant et les raisons morales, n'ont eu qu'une action secondaire.

La fille, pour se marier, doit obtenir également le consentement du *pater familias* sous la puissance duquel elle est, parce qu'il est possible qu'elle tombe *in manu mariti;* alors la fille sortira de la famille et de la puissance de son père, pour passer sous la puissance de son mari. La famille du *pater familias* se trouvera ainsi diminuée; or, elle ne peut diminuer sans le consentement du chef. Si, en se mariant, la fille ne tombe pas *in manu mariti*, elle restera, il est vrai, dans sa famille et sous la puissance de son chef de famille; mais, en fait, cette puissance se trouvera amoindrie par l'influence du mari. C'était là une raison suffisante pour exiger le consentement du *pater familias* au mariage de sa fille.

Revenons au cas où la personne qui veut se marier est soumise à la puissance paternelle. Que cette puissance appartienne au père ou qu'elle appartienne au grand-père, peu importe. Mais quand elle appartient au grand-père, et que le père lui-même y est soumis, ne faudra-t-il pas, de plus, le consentement du père? La négative est évidente, s'il s'agit d'une petite-fille; mais quand il s'agit d'un petit-fils, le consentement de son père devra se joindre à celui de l'aïeul. La raison de cette solution est donnée plus haut par la règle « *Nemini invito suus heres agnascitur.* » La loi 16 est formelle : « *Nepote uxorem ducente, et filius consentire debet.* » Mais ce texte n'est pas seul; il s'en trouve malheureusement un autre, du même jurisconsulte, et qui dit

(1) Inst. 1, 11, 7.

juste le contraire, en des termes non moins évidents : « *Si nepotem ex filio et neptem ex altero filio in potestate habeam, nuptias inter eos me solo auctore contrahi posse Pomponius scribit; et verum est.* » Que penser de ces deux décisions absolument opposées? Le cas est embarrassant, et l'on ne saurait prendre un parti sans quelque hésitation. Bien qu'en général nous ne soyons pas partisan d'un système qui consiste à vouloir concilier, malgré eux, des textes qui se contredisent franchement; bien que nous pensions que, par suite de la précipitation bien connue avec laquelle le *Digeste* fut composé, il soit arrivé bien souvent aux rédacteurs d'insérer légèrement deux textes contraires, deux opinions opposées, cette fois, nous repoussons cette explication, principalement pour une raison purement matérielle, mais qui nous semble d'une grande force.

Que d'un livre à l'autre, d'un titre à l'autre, les rédacteurs aient oublié une précédente solution, qu'ils se soient contredits *à distance*, je le comprends et je le crois; mais que, dans un même titre, dans une même page, à quelques lignes de distance, ils aient pu si facilement perdre la mémoire, que la loi 16 de Paul, au titre *de Ritu Nuptiarum*, soit la contradiction de la loi 3 du même Paul, au même titre, voilà ce que nous ne saurions admettre. Et nous préférons recourir au procédé de conciliations. L'interprétation de Cujas nous semble la meilleure. Dans cette opinion, la loi 3 serait une exception voulue par le législateur, au principe de la loi 16, exception admise dans l'espèce prévue par notre texte, c'est-à-dire au cas de mariage entre cousins germains, parce qu'on ne pouvait alors supposer raisonnablement que le fils s'opposerait à un mariage contracté avec une femme de sa famille. Cette interprétation a l'avantage, sur celle d'Accurse, d'être fondée sur le texte même de la loi 3, et de ne pas reposer sur une pure supposition que rien ne garantit.

Avant Justinien, l'adoption produisait les effets les plus radicaux : l'adopté quittait sa famille, il perdait tous les droits qu'il y avait; entrant dans la famille de l'adoptant, il devenait son « *heres suus.* » En conséquence, le droit de consentir au mariage appartenait désormais au père adoptif et à lui seul. Justinien changea cet état de choses qui n'était pas sans inconvénients (1). Si l'adoptant était un ascendant, l'ancienne règle était maintenue. Mais en tout autre cas, l'adopté restait dans la famille de son père naturel, qui, par conséquent, pouvait seul consentir au mariage.

(1) Inst., p. 2, de adoptionibus.

Ainsi, en résumé, le père de famille naturel ou adoptif, et quelquefois le fils de famille lui-même, quand il s'agissait du mariage de son propre fils : telles sont les personnes dont le consentement était nécessaire.

Si un homme et une femme se sont unis sans avoir obtenu le consentement du *pater familias*, sous la puissance duquel ils se trouvent, c'est une question controversée que de savoir si le mariage ainsi contracté pouvait être ratifié par la suite. Sans aucun doute, le chef pouvait donner son consentement, et le mariage, dès ce moment, devenait légitime; mais ce consentement était-il une ratification ayant un effet rétroactif? Il faut décider que non ; le mariage n'était pas validé dans le passé où il n'avait pas existé : il commençait seulement à être valable pour l'avenir. On peut assimiler ce cas, en quelque sorte, à celui où l'un des époux était impubère ; au moment où il atteignait la puberté, le mariage devenait *justes noces*, mais sans effet rétroactif (1).

Pendant longtemps, le consentement du chef de famille fut exigé, non-seulement pour que le mariage commençât, mais encore pour qu'il subsistât. En un mot, le père avait droit de revenir sur le consentement qu'il avait donné et de dissoudre le mariage de son enfant, en le forçant à divorcer (2). Mais ce droit exorbitant fut enlevé aux chefs de famille par Antonin le Pieux (3).

Pendant longtemps aussi, le consentement du chef de famille au mariage du fils devait être formel et exprès ; tandis que le consentement tacite suffisait pour le mariage de la fille. Mais, sous l'Empire, on se contenta du consentement tacite pour le mariage du fils comme pour celui de la fille (4).

Par exception, il y avait des cas où l'enfant pouvait se marier sans le consentement du chef de famille. Le consentement du chef de famille n'était pas exigé :

1° Lorsque le chef de famille était *furiosus*. Le *furiosus* est l'homme en état de démence, avec intervalles lucides. La démence du père ne lui fait pas perdre sa puissance paternelle et ne l'empêche pas d'acquérir cette puissance sur les enfants qui naissent de lui ou de ses fils. — Si les enfants d'un insensé veulent se marier, leur père est

(1) D. 23, 2, 4.

(2) (Fragm. Vatic., § 116. — L. 4, D. 24, 2. — L. 1, §§ 5. D. 43, 30.)

(3) Paul, Sent., V, § 15 et II, 19, § 2.

(4) L. 7, § 1. D. 23, 1. — L. 5, C. 5, 4.

incapable de donner un consentement valable. En résulte-t-il que les enfants ne pourront se marier faute de ce consentement ? Il avait été admis sans difficulté que la fille de l'homme en démence pouvait se marier sans le consentement de son père, tandis que cela avait fait doute pour le fils, toujours par ce motif qu'il pouvait, par son mariage, donner des héritiers siens à son père ; au contraire, la fille ne pouvait, par son mariage, donner des héritiers siens à son père. Mais, enfin, il fut admis que le fils de l'homme en démence pouvait se marier sans le consentement de son père, en obtenant, à Constantinople, le consentement du préfet de la ville, et, dans les provinces, le consentement du président ou de l'évêque, en présence des parents et du curateur du père (1).

Le fils ou la fille du *mente captus*, c'est-à-dire de l'homme en état d'imbécillité continue, peut se marier sans le consentement de son père et même sans la permission de l'empereur (2). Comment expliquer cette différence qui existait dans l'ancien droit entre le fils du *furiosus* et la fille du *mente captus ?* Elle s'explique facilement si l'on considère que la démence est un état qui comporte des intermittences, des intervalles lucides, tandis que l'imbécillité, la faiblesse des facultés intellectuelles, subsiste constamment au même degré : pour le fils du *furiosus*, on peut attendre un moment où le père sera capable de consentir, tandis que pour le fils d'un *mente captus*, il est à peu près certain que ce moment-là n'arrivera jamais. Du reste, de même que Justinien ne distingua plus entre le fils et la fille, de même il ne peut plus distinguer entre les enfants du *furiosus* et les enfants du *mente captus*. Dans tous les cas, l'enfant pourra contracter un mariage valable sans le consentement de son père.

2° Quelque considérable que fût la puissance paternelle chez les Romains, ils n'admettaient pas qu'un père pût forcer son fils à un célibat perpétuel. En conséquence, lorsque le père refuse, sans motifs légitimes, de consentir au mariage de ses enfants, le magistrat peut le contraindre à les marier et même à leur constituer une dot (3).

(1) L. 25. C. 5, 4. — L. 28. C. 1, 4.

(2) L. 25. C. 5, 4.

(3) L. 19. D. 23, 2. — On voit par ce texte que, conformément à une constitution des empereurs Septime-Sévère, et Antonin Caracalla, le père pouvait être contraint de doter ses enfants, suivant sa fortune. Comp. Justinien, L. 7, C., *de dotis promiss.* (5, 11). Au contraire, en droit français, « l'enfant n'a pas d'action contre ses père et mère pour un établissement par mariage ou autrement. » (C. Nap., art. 204.)

3° Si le père est en captivité et qu'il y meure, il n'y a pas de difficulté, car alors l'enfant devient *sui juris*. Si, au contraire, le *pater familias* revient, par l'effet du *postliminium*, il n'aura jamais été dépouillé de sa puissance, et alors, il faut se demander si le mariage contracté sans son consentement sera nul ? Pour la fille, il n'y avait pas grand empêchement à admettre la validité du mariage, mais pour le fils, la maxime : « *Nemini invito suus heres agnascitur*, » mettait obstacle à cette validité. L'opinion la plus favorable au mariage l'emporta (1). Cette opinion se basa sur l'intérêt privé de l'enfant qui ne pouvait être condamné au célibat par le malheur du père ; et sur l'intérêt public, pour ne pas multiplier les célibataires. Justinien exigea trois ans de captivité du père pour que le fils pût se marier sans son consentement (2). Dans le cas d'absence, autre que la captivité, l'ancien droit admettait aussi la validité du mariage; Justinien exigea encore trois ans (3). Dans toutes ces hypothèses, on suppose que l'aïeul n'existe plus, car s'il vit encore, son consentement suffira.

Revenons au consentement du père de famille. Un consentement général ne suffirait pas; il faut qu'il soit donné en vue de la personne à épouser (4). Nous avons dit au commencement de ce paragraphe, que le consentement paternel n'avait été organisé que dans l'intérêt du père. La Loi 25 en est une preuve nouvelle, alors qu'elle décide que le fils émancipé, si jeune qu'il soit, n'aura jamais besoin de ce consentement. Le même principe entraîna la même conséquence pour les filles, le jour où disparut la tutelle perpétuelle des femmes : plus de puissance paternelle, plus d'intérêt, plus de consentement ; telle était la suite logique de l'idée que les Romains se faisaient de la puissance paternelle. Mais, était-il sage, était-il juste de laisser sans protection cette jeune fille de douze ans que la loi déclarait nubile ? Entre la tutelle perpétuelle et cette émancipation prématurée, n'y avait-il pas un juste milieu ? Septime Sévère et Antonin Caracalla le comprirent ; ils exigèrent pour le mariage de la fille *sui juris*, le consentement du tuteur, de la mère et des plus proches parents. En cas de désaccord, la décision appartenait au président de la province. Plus tard, une constitution de Théodose et d'Honorius décida que la jeune fille, orpheline de père et de mère, aurait à se prononcer de

(1) L. 12, § 3 de capt. et postlim. XLIX, 15.
(2) L. 9, § 1, *de ritu nuptiarum*.
(3) L. 10, *de ritu nupt.*
(4) L. 34 pr. D. *de ritu nupt.*

vant la famille, que si elle s'y refusait, le choix du mari serait fait par le magistrat (1). Les empereurs s'occupèrent aussi des veuves mineures de vinq-cinq ans, en vue, dit Godefroy, d'éviter de honteuses mésalliances (2).

Mais quelle était la sanction du défaut de consentement dans ces hypothèses différentes ? Nous pensons, avec la majorité des auteurs, qu'en l'absence du consentement du père défunt, le mariage est nul. Le fameux texte de Paul : .....*contracta non solvuntur*, invoqué pa les auteurs du système opposé, a été parfaitement expliqué par Pothier.

Désormais la difficulté nous semble apaisée, et nous nous contenterons, sans recommencer la discussion, de donner la traduction de Pothier : « Quand le fils de famille a contracté mariage, avec le consentement de son père, celui-ci n'a plus le droit de le dissoudre comme il l'avait autrefois. » — Avant Antonin, le père de famille avait le droit de dissoudre le mariage que son fils avait contracté valablement, et le mot *contracta non solvuntur* constate simplement l'heureuse innovation de ce prince.

Mais si nous croyons à la nullité du mariage, contracté sans le consentement du père de famille, nous ne pensons pas que la violation du sénatus-consulte de Septime-Sévère dont nous venons de parler ait entraîné la nullité du mariage : tel est du moins l'avis de Cujas. La peine sera sans doute purement pécuniaire. Mais cela n'est plus de notre sujet.

IV. — L'Absence d'un premier Mariage.

Celui qui est déjà marié ne peut contracter un nouveau mariage tant que le premier n'est pas dissous, parce que la polygamie fut toujours défendue par la législation romaine (3). Les mœurs publiques étaient tellement contraires à l'idée de la polygamie, que la loi défendait même d'avoir deux concubines. Il n'est pas nécessaire d'insister sur ce point. Quant à la peine infligée à la bigamie, ce fut l'infamie, en vertu d'une constitution des empereurs Dioclétien et Maximien. Mais plus tard la peine parut trop faible. La tendance de la

(1) L. 20. C. de nupt.
(2) C. Th. L. 1. de nupt.
(3) Gaius, I, § 63. Inst., I, X, §§ 6. 7. — L. 2. C. 5, 5.

législation du Bas-Empire était de multiplier les peines afflictives, et surtout la peine capitale. Aussi les empereurs Valère, Gallien et Valérien condamnèrent à la *peine capitale* ceux qui « *ficto cœlibatu* », contracteraient un second mariage ; et Justinien confirma cette décision. Si la règle est simple, l'application en est quelquefois difficile.

Que décidait-on au cas où il y avait incertitude sur la vie de l'un des époux ? Les Romains n'eurent jamais une théorie scientifique de l'absence, telle qu'elle est organisée de nos jours. Mais les jurisconsultes prévoyaient différentes espèces dans lesquelles nous verrions aujourd'hui des cas d'absence. Et d'abord, que décidait-on quand l'un des époux était fait prisonnier par l'ennemi ? Chose bizarre ! Les règles du postliminium étaient ici sans application. L'union est rompue par la captivité de l'époux, alors même, dit Tryphoninus, que la femme refuserait de quitter le domicile conjugal, et voudrait maintenir l'union ; le retour du prisonnier ne rétablit pas le mariage. Aussi, la captivité est-elle rangée par Paul parmi les causes de dissolution de mariage, à côté de la mort et du divorce.

Cette exception au *jus postliminii* était logique, dans une législation qui faisait un élément constitutif du mariage de la possibilité de réunion entre les époux. Or, il y avait là un fait, sur lequel le postliminium n'avait aucune action ; car cette fiction ne pouvait s'appliquer qu'à des droits, jamais à des faits. Justinien eut raison de défendre à la femme, au risque d'encourir la peine de l'adultère, de se remarier tant que l'existence de l'absent était certaine ; mais la prohibition cessait dès qu'il y avait un doute sérieux. Plus tard, Léon le Philosophe défendit le mariage même dans ce cas ; et le convol ne fut plus permis, que lorsque la mort du captif était prouvée.

Il est une autre hypothèse analogue à la précédente, le cas où un militaire disparaît au cours d'une expédition. Constantin avait décidé qu'après quatre années d'attente, la femme pouvait se remarier. Dans ce cas encore, Justinien exige, pour un second mariage, que le décès de l'absent soit authentiquement constaté. Il prononçait les peines de l'adultère contre la femme qui se remarierait sans avoir fait cette preuve. Cette décision de Justinien est très-sage ; le législateur ne saurait veiller trop scrupuleusement sur tout ce qui touche à l'union conjugale ; et nous nous étonnons que Montesquieu, dans son Esprit des Lois (liv. 26, ch. 9), ait critiqué cette décision. Aussi, malgré l'autorité qui s'attache au grand nom de Montesquieu, les législateurs français se sont tenus en garde contre ses conclusions. Et s'ils n'ont pas expressément reproduit la règle de Justinien, elle ressort si manifestement de l'ensemble des dispositions du Code, que la question n'est plus mise en doute par personne.

V. — Le Connubium.

Pour que le mariage soit valable et produise les effets du mariage romain, il faut que chacun des époux réunisse en sa personne toutes es conditions exigées par le droit romain pour contracter de justes noces, c'est-à-dire la liberté, la cité, la puberté, le consentement des ascendants et l'absence d'un premier mariage. La réunion de toutes ces conditions constitue ce qu'on appelle la capacité *absolue* de contracter un mariage.

Pour que le mariage soit valable et produise les effets du mariage romain, il ne suffit pas que chacun des époux soit séparément et individuellement capable de se marier ; il faut encore qu'ils soient capables de se marier l'un avec l'autre. Ainsi, chacun d'eux réunit toutes les conditions exigées par les justes noces ; mais, s'ils sont unis l'un à l'autre par les liens de parenté, s'ils sont frère et sœur, par exemple, quoique capables, chacun individuellement, ils ne pourront pas néanmoins s'épouser ; car, pour que le mariage soit possible, il faut que les parties ne soient point parentes au degré prohibé. En un mot, pour que le mariage soit possible entre deux personnes, il faut que chacune d'elles ait la capacité *absolue* de se marier, et qu'elles aient en outre la capacité *relative* de se marier l'une avec l'autre. Lorsque la capacité relative de s'épouser n'existe pas entre deux personnes, on dit qu'il n'y a pas *connubium* entre elles. Le *connubium* est donc la capacité relative de se marier avec telle personne.

En principe, le *connubium* n'existe qu'entre citoyens romains : c'est-à-dire pour qu'il y ait mariage produisant les effets du mariage romain, il faut que l'homme soit citoyen et la femme citoyenne. Alors il y a *justum matrimonium*, *justæ nuptiæ*. L'homme et la femme prennent respectivement le nom de *vir* et d'*uxor*. Les enfants qui naîtront de ce mariage seront sous la puissance de leur père. La femme devient l'égale du mari, elle participe à sa condition et partage ses dignités.

Mais il y avait un assez grand nombre de personnes entre lesquelles le *connubium* n'existait pas pour les raisons suivantes :

1° La parenté ou l'alliance; 2° l'inégalité de condition sociale; 3° la tutelle ou la curatelle; 4° le commandement dans les provinces; 5° la différence de religion; 6° le rapt.

D'après la classification dont nous avons parlé précédemment, ces empêchements peuvent encore se grouper en deux catégories : la première comprenant les empêchements fondés sur des considérations politiques : l'inégalité sociale, le commandement dans les provinces. La deuxième, comprenant ceux qui reposent sur des considérations morales : la parenté ou l'alliance, la tutelle et la curatelle, la différence de religion et le rapt.

I. Parenté ou alliance. — Dans l'ancien droit comme dans le droit de Justinien, la parenté et l'alliance font obstacle au *connubium;* fondés sur la morale et l'honnêteté, ces empêchements ont subi peu de variations dans tout le cours de la législation romaine. En premier lieu, point de *connubium* entre parents en ligne directe à l'infini; cette prohition se trouve chez tous les peuples. Afin de maintenir la pureté dans la famille, on ne peut épouser la fille qu'on a adoptée, même après que l'émancipation a fait cesser la parenté toute civile qu'avait produite l'adoption.

La parenté en ligne collatérale fait également obstacle au *connubium*, d'abord entre frères et sœurs, sans distinguer s'ils sont issus du même lit; en second lieu, entre l'oncle et la nièce, la tante et le neveu. Peu importe qu'ils soient ou non dans la même famille et unis à la fois par la parenté civile et la parenté naturelle, ou seulement par cette dernière. Claude voulant épouser Agrippine, sa nièce, fit décider par le sénat que désormais un oncle paternel pourrait épouser la fille de son frère. Tacite nous dit que l'exemple de Claude ne trouva qu'un seul imitateur. Les fils de Constantin abrogèrent cette disposition, et prononcèrent même la peine de mort contre l'oncle paternel qui épouserait sa nièce, ou entretiendrait avec elle un commerce illicite. Les mariages entre cousins germains avaient été défendus par les premiers empereurs chrétiens, mais Arcadius et Honorius déclarèrent cette union légitime.

L'alliance, à l'exemple de la parenté, empêche, dans certains cas, le mariage, et il est à remarquer que la prohibition n'est applicable qu'après la cessation de l'alliance, qu'après la dissolution du mariage qui la produisait; jusque-là, ce qui s'oppose à l'union des alliés, c'est le principe de la monogamie consacré de tout temps par la législation romaine. L'alliance ne faisait, jusqu'à une époque assez avancée de l'empire, obstacle au *connubium* qu'entre alliés en ligne directe; on avait étendu la prohibition à des personnes entre lesquelles, rigoureusement, il n'y avait point alliance. Ainsi, les jurisconsultes conseillaient au citoyen divorcé d'avec sa femme, de ne pas épouser la fille qu'elle aurait eue d'un autre mariage; ils conseillaient de même de ne point se marier avec la fiancée de son père ou encore avec la fiancée de son fils; plus tard, il y eut dans ces cas de véritables empêchements au mariage (1). L'empereur Constance défendit le mariage entre beaux-frères et belles-sœurs, et cette prohibition fut maintenue par Justinien.

Il n'est nullement nécessaire, pour qu'il n'y ait pas *connubium* entre deux personnes, à raison de la parenté ou de l'alliance, qu'elle provienne d'un mariage légitime. On tient compte du lien naturel dérivant du *concubinatus* ou du *contubernium* (on appelait ainsi l'union de deux esclaves); la prohibition n'a de portée, dans ce dernier cas, qu'en supposant libres actuellement les deux personnes unies par cette parenté, que les Romains appelaient *cognatio servilis;* autrement, leur qualité d'esclaves eût constitué, par elle seule, un empêchement aux *justæ nuptiæ*.

Si une union se formait entre parents ou alliés au degré prohibé, outre qu'il n'y aurait point mariage, c'est-à-dire qu'il n'y aurait ni mari ni épouse, ni dot constituée valablement, que les enfants ne seraient point légitimes et seraient assimilés aux *spurii* ou *vulgo concepti*, ce commerce constituerait le crime d'inceste. L'inceste est puni de peines très-sévères, les unes pécuniaires, les autres corporelles. Pour la femme, sa dot est confisquée, ainsi que le tiers de ses biens; quant au mari, il perd la moitié de son patrimoine. Ils encourent, en outre, la relégation dans une île. Il y a cependant lieu de distinguer si l'inceste a été commis entre parents en ligne directe, ou entre collatéraux ou alliés : (les jurisconsultes romains appelaient le premier *inceste du droit des gens*, le second *inceste* du droit civil). Pour le dernier, en effet, la femme n'encourait aucune peine : on présumait qu'elle avait ignoré le droit; et l'homme était puni avec moins de sévérité si l'inceste avait eu lieu publiquement, ce qui semble étrange au premier abord; c'est que, dans ce cas, on réputait la faute commise par suite d'une erreur sur la loi. On trouve divers

(1) L. 12, § 1, de ritu nuptiarum.

rescrits d'empereurs qui, prenant en considération la bonne foi, soit des époux, soit de l'un d'eux seulement, décident que les enfants seront traités comme légitimes *perinde ac si legitime concepti fuissent* (1).

II. — Inégalité de condition sociale. — Avant la loi des XII Tables le mariage entre les patriciens et les plébéiens n'était défendu par aucune loi. Il était simplement empêché par l'empire de la religion et des mœurs, par la différence des formes admises pour contracter l'union conjugale, plus encore peut-être par l'organisation politique de Rome, qui traçait une ligne infranchissable entre les deux classes de citoyens. L'histoire des luttes de la plèbe pour obtenir l'égalité aux yeux de la loi, et le *connubium* avec l'aristocratie, n'est donc autre chose que le récit de ces luttes incessantes du forum et de la rue, dans lesquelles un peuple qui conquérait le monde, combattait à l'intérieur pour sa propre liberté et pour ses droits les plus sacrés.

A mesure que la plèbe gagnait du terrain, alors qu'elle commençait à arracher à l'aristocratie les premières concessions dans l'ordre politique, quelques unions exceptionnelles, favorisées sans doute par la création d'une classe intermédiaire, les *minores gentes*, durent se former entre les deux ordres de l'État. Mais, au dire de Tite-Live, ces mariages entre patriciens et plébéiens troublaient les auspices; et surtout, chose essentiellement grave, ils déchiraient le voile qui cachait au peuple les mystères sacrés. Aux yeux des patriciens, ces mariages mêlés ressemblaient aux unions des animaux qui s'accouplaient au hasard ; car ceux qui en étaient issus ne savaient ni à quel sang, ni à quels dieux domestiques ils appartenaient. Et puis, et c'était là le fond de leur pensée, si ces unions venaient à se multiplier, la ligne de démarcation qui séparait les deux ordres finirait par s'effacer; les familles patriciennes seraient envahies par le sang plébéien ! Les décemvirs prévinrent le danger : la XIe Table défendit formellement le mariage entre les patriciens et les plébéiens.

La lutte continuait cependant entre les deux castes. Tite-Live prête ce langage au tribun Valerius (2) : « Ne pensons-nous point qu'il peut sortir de la plèbe un vaillant homme, habile dans la paix et dans la guerre, et qui soit semblable à Numa, à Tarquin, à Servius Tullius ?

(1) L. 57, § 1, de ritu nupt.
(2) Tite-Live, IV, 4 et 6.

Et si cet homme existe, ne le laisserons-nous point arriver au gouvernement de la République?... Y a-t-il un outrage plus grand, plus sanglant que de tenir pour indigne du *connubium* une partie des citoyens, comme s'ils étaient entachés de quelque souillure?... » Ce ne fut qu'en l'an 309 qu'un plébiscite, appelé *lex Canuleia*, vint abroger ce débris de l'odieuse inégalité primitive, sur la proposition du tribun Canuleius.

De même, point de *connubium* entre affranchis et ingénus, patriciens ou plébéiens, jusqu'aux lois *Julia de maritandis ordinibus et Papia Poppæa*, promulguées sous Auguste. Ces lois, dans le but de rendre les mariages plus nombreux, permirent le mariage entre affranchis et ingénus (1); mais elles défendirent en même temps le mariage entre les ingénus avec les comédiennes, les femmes condamnées pour adultère, plus généralement avec toutes femmes notées d'infamie; entre sénateurs et descendants de sénateurs, avec les affranchies et les personnes avec lesquelles il était défendu aux ingénus de se marier, c'est-à-dire les personnes infâmes.

Par exception, l'empereur peut permettre à un sénateur d'épouser une affranchie. Mais c'est là une faveur spéciale, *indulgentia principis* (2).

Quelle était la sanction de la loi *Julia de maritandis ordinibus* et de la loi *Papia Poppæa*? Si un sénateur a épousé une affranchie, ou si un ingénu a épousé une femme infâme, le mariage est-il nul? Pour répondre à cette question, il faut distinguer deux époques : une première époque, qui va depuis les lois *Julia* et *Papia Poppæa*, jusqu'à un sénatus-consulte de Marc-Aurèle; la deuxième époque est postérieure à ce sénatus-consulte.

Dans la première époque, le mariage n'est pas nul. Le mariage est valable et les enfants sont soumis à la puissance paternelle. Les enfants deviennent à la mort de leur père *heredes sui*, héritiers siens. En effet, le jurisconsulte Paul dit : « *Sui heredes sunt hi primo loco filius, filia in potestate patris in constituti, nec interest adoptivi sint aut naturales, et secundum legem Juliam Papiamve quæsiti, modo maneant in potestate.* » (*Collatio leg. mosaïc.*, XVI, III.)

La loi *Julia* ne prononçant pas la nullité du mariage contracté contrairement à ses dispositions est une de ces lois romaines qu'on appelle *minus quam perfectæ*. « *Minus quam perfecta lex est, quæ vetat ali-*

(1) L. 23. D. 23, 2.
(2) L. 31. D. 23, 2.

quid fieri, et si factum sit, non rescindit, sed pœnam injungit ei qui contra legem facit. » C'est une loi qui défend de faire un acte; que si l'acte défendu a été fait, la loi ne le rescinde pas, mais inflige une peine à celui qui a fait l'acte contrairement à la loi (1).

Mais quelle était la sanction des lois *Julia* et *Papia Poppœa?* Pour la comprendre, il faut savoir que ces lois accordaient certains avantages aux personnes mariées ayant des enfants, tandis que les personnes non mariées, ou celles qui étant mariées n'avaient pas d'enfants, étaient frappées de certaines déchéances. Les célibataires étaient frappés de l'incapacité de recueillir les successions pour lesquelles ils avaient été institués héritiers : ils étaient privés du *jus capiendi.* — Ceci dit, on comprend facilement la sanction de la loi *Julia :* lorsque deux personnes s'étaient mariées contrairement aux prohibitions de la loi Julia, elles étaient considérées comme n'étant pas mariées, et comme n'ayant pas d'enfants, quand même elles en auraient eu : elles étaient considérées comme célibataires et n'avaient pas le *jus capiendi* (2). De plus, le citoyen qui avait trois enfants légitimes pouvait s'excuser de la tutelle; or, les enfants nés d'un mariage contracté contrairement aux prohibitions des lois *Julia* et *Papia Pappœa* ne comptaient pas comme enfants légitimes pour dispenser de la tutelle, du moins d'après l'avis de quelques jurisconsultes (3). Enfin, quelquefois, dit Ulpien, les époux ne peuvent rien recevoir l'un de l'autre, c'est-à-dire s'ils ont contracté un mariage contrairement aux lois *Julia* et *Papia Poppœa*, par exemple, si un sénateur a épousé une femme infâme ou une affranchie.

Mais un sénatus-consulte, rendu sous le règne de Marc-Aurèle, déclara nuls les mariages contractés contrairement aux prohibitions des lois *Julia* et *Papia Poppœa : « Oratione divi Marci cavetur, ut si senatoris filia liberto nupsisset, nec nuptiæ essent.* » Il est ordonné par le sénatus-consulte de Marc-Aurèle que si la fille d'un sénateur épouse un affranchi il n'y a pas mariage (4).

D'après l'historien Procope, Justin, oncle et père adoptif de Justinien, permit aux comédiennes d'épouser même les personnages de la condition la plus élevée, mais sous l'obligation de renoncer au théâtre, d'obtenir de l'empereur un rescrit leur permettant de

(1) Ulp., Reg. 1, § 2.
(2) Ulp., Reg., XVI, § 2.
(3) Fragm. Vatic., § 168.
(4) L. 16 pr. D. 23, 2. — L. 16, pr. D. 23, 1.

contracter un mariage légitime, avec rédaction d'un *instrumentum dotale*. Voici le motif de cette réforme : épris de la comédienne Théodora, fille d'un belluaire du cirque et prostituée de *l'embolum* (1), Justinien détermina Justin, son père adoptif, à prononcer l'abrogation des lois qui empêchaient son mariage avec la comédienne (2). Cette constitution, qui est de Justin, a été mise dans le Code par inadvertance sous le nom de Justinien par les compilateurs du Code. — Plus tard, Justinien abrogea définitivement les prohibitions des lois *Julia* et *Papia Poppæa*, en permettant le mariage des affranchies et des comédiennes avec les sénateurs et les personnages de la condition la plus élevée, sans rescrit du prince, sous la seule réserve qu'un *instrumentum dotale* serait dressé (3).

Quant à la pérégrinité, nous savons qu'un pérégrin peut bien épouser une pérégrine, car le mariage est une institution du droit des gens, et les Romains reconnaissaient que les étrangers pouvaient, à Rome, participer au droit des gens. Mais ce mariage de pérégin avec une pérégrine, *matrimonium*, ne sera pas le *justum matrimonium*, réservé aux seuls citoyens romains; notamment, les enfants nés de ce mariage ne seront point soumis à la puissance paternelle du droit romain (4).

Le *connubium* n'existe pas entre citoyens et pérégrins. Si un citoyen épouse une pérégrine ou réciproquement, il n'y a pas de *justum matrimonium;* mais ce mariage est-il complétement nul? Non. Avec le temps, les rapports étaient devenus très-fréquents entre les Romains et les pérégrins; dès lors, on comprend qu'un citoyen ait pu avoir de justes motifs d'épouser une pérégrine, avec laquelle il n'avait pas le *connubium;* il aurait pu la prendre pour concubine; mais le concubinat ne fait pas à la femme une situation honorable. Pour ne pas empêcher le mariage entre un citoyen et une pérégrine, auxquels il convenait de se prendre pour époux, il leur fut permis de contracter un mariage, qu'on appela *mariage selon le droit des gens* ou mariage *sine connubio*. Plusieurs textes, insérés au *Digeste*, parlent de ce mariage *non legitimum, sine connubio* (5). Ce mariage du droit des gens différait tout à la fois des *justæ nuptiæ* et du concubinat. Dans ce

(1) Procope, *Historia Arcana*, ch. IX.
(2) L. 23. C. 5, et 4.
(3) L. 29. C. 5, 4. Nov. 117, Ch. VI.
(4) Inst., I, II, § 1.
(5) L. 37, § 2. D. 50, 1.

mariage *sine connubio*, le père n'acquiert pas sur ses enfants la puissance paternelle avec son caractère absolu; la femme ne peut jamais passer *in manu*. Les enfants naissent pérégrins d'après la loi *Mensia* (1). Mais les enfants ont un père connu, le mari de leur mère. La femme prend le nom d'*uxor injusta* (2). Si les deux époux veulent rompre ce mariage, ils doivent recourir au divorce, à la différence du concubinat, qui cesse par la seule volonté des parties. C'est ce qui résulte d'un texte de Cicéron, qu'il est important de connaître, parce qu'il nous apprend aussi qu'une dot peut être constituée, dans ce mariage *sine connubio*, par la femme, et réclamée par elle à la dissolution du mariage, d'après les règles du droit des gens : « Si une femme mariée à un homme avec lequel elle n'avait pas le *connubium*, a envoyé sa répudiation, comme les enfants issus de ce mariage ne suivent pas leur père, celui-ci ne peut exercer, sur la dot, des retenues à cause des enfants » (3).

La femme doit garder fidélité à son mari dans ce mariage du droit des gens; sinon, le mari trompé peut l'accuser d'adultère. Mais, même à ce point de vue, la qualité d'époux du droit des gens ne lui donne pas le même droit qu'à l'époux du droit civil. En cas de justes noces, si la femme commettait un adultère, tout citoyen pouvait se porter accusateur de la femme, parce que les Romains considéraient l'adultère comme un délit contre l'ordre public. En conséquence, la punition de ce délit était poursuivie par un *judicium publicum* ou action populaire, c'est-à-dire, pouvant être exercée par tous les citoyens. Cependant on avait réservé au mari trompé le droit exclusif de poursuivre sa femme pendant un délai utile de soixante jours, à partir du moment où le divorce avait été notifié par lui à sa femme. On disait alors que le mari intentait l'action *jure mariti*. Mais une fois les soixante jours écoulés, l'action devenait populaire; chacun pouvait l'intenter, le mari comme tout autre. Lorsque le mari n'intentait l'action qu'après les soixante jours, les jurisconsultes disaient qu'il l'intentait *jure extranei* (4). Au contraire, en cas de mariage du droit des gens, de mariage *sine connubio*, le mari trompé n'avait pas le droit exclusif de poursuivre sa femme pendant soixante jours, il ne pouvait pas la poursuivre *jure mariti*. L'action devenait immédia-

(1) Ulp., Reg. V., § 8.
(2) L. 13 pr., § 1. D. 48, 5.
(3) Cicéron, Topic., n° 4.
(4) L. 4, § 1. L. 14, §§ 2, 3. D. 48, 5.

tement populaire, et le mari pouvait l'intenter *jure extranei*, comme tout autre. Toutefois, le mari était plus favorisé qu'un *extraneus* ordinaire. En effet, celui qui était noté d'infamie ou qui, étant affranchi et sans enfants, n'avait pas une fortune d'au moins 30,000 sesterces, ne pouvait, d'après la loi *Julia de adulteriis*, se porter accusateur d'une femme adultère. Au contraire, le citoyen romain, marié à une pérégrine, était admis à poursuivre sa femme adultère, quoiqu'il fût noté d'infamie ou affranchi sans enfant et n'ayant pas 30,000 sesterces (1).

Ce mariage du droit des gens, *sine connubio*, qui pouvait avoir lieu entre un citoyen et une pérégrine, différait aussi du concubinat. Ce qui le prouve, c'est qu'il n'y avait pas, dans le concubinat, devoir de fidélité pour la femme, ou, si ce devoir existait, il n'avait pas de sanction, car la concubine ne pouvait pas être poursuivie pour adultère (2).

Quelquefois les empereurs accordaient le *connubium* à des pérégrines ou à des Latines pour leur permettre d'épouser des citoyens. Alors le mariage qui s'ensuivait n'était plus un mariage du droit des gens *sine connubio;* c'était un *justum matrimonium*, produisant tous les effets des justes noces (3).

A l'époque de Justinien, il n'y a plus de pérégrins dans l'empire; tous les habitants de l'empire sont citoyens, de sorte que par pérégrins on entend les Barbares. Par conséquent, lorsqu'on dit, à l'époque de Justinien : le *connubium* n'existe pas entre citoyens et pérégrins (*Inst.*, I, X, pr.), cela signifie qu'un citoyen de l'empire ne peut épouser une Barbare. Bien mieux, d'après une constitution de Valentinien et de Valens, il est défendu, sous peine de mort, à tous citoyens, habitants de l'empire d'épouser des Barbares (L. Un., C. Th., 3, 14).

III. — La Tutelle ou la Curatelle. — Des raisons d'utilité avaient fait interdire les mariages entre les tuteurs et les pupilles, les curateurs et les femmes mineures de vingt-cinq ans qui étaient sous leur curatelle. Cette prohibition avait été établie par un sénatus-consulte de Marc-Aurèle et de Commode (4), dans la crainte que le tuteur et le

(1) L. 4, §. 1. — L. 14, § 2. D. 48, 5. — L. 6. L. 21. C. 9, 9. — Collatio legum mosaicarum et romanarum, tit. IV, c. 5, § 1.

(2) L. 13. D. 48, 5.

(3) Gaïus, 1, §§ 56, 57.

(4) L. 60; L. 67, § 3. D. 23, 2.

curateur infidèles ne cherchassent dans le mariage avec leur pupille un moyen de se dispenser de rendre compte ou, si le compte avait été rendu, d'empêcher la pupille de l'attaquer.

La prohibition s'applique au tuteur et au curateur, ainsi qu'à leurs descendants mâles, fils, petits-fils, légitimes, naturels et adoptifs, et à leur affranchi (1). En conséquence, si un tuteur épouse celle qui a été sa pupille avant qu'elle ait vingt-six ans accomplis, ou s'il la fait épouser par son fils, le mariage est nul. On a exigé l'âge de vingt-six ans, parce que ce compte ne pouvait être rendu qu'à la fin de la curatelle, c'est-à-dire lorsque la mineure avait atteint l'âge de vingt-cinq ans; mais elle pouvait attaquer ce compte pendant une année utile, à partir de sa vingt-cinquième année, et obtenir la *restitutio in integrum*. Lorsque le compte aura été rendu et que la jeune fille aura vingt-six ans accomplis, il est à croire que le compte est inattaquable; alors on peut lui permettre, sans danger, d'épouser son ex-tuteur, ou son ex-curateur, ou leur fils (2). Cette prohibition s'appliquait même au curateur au ventre (3), à celui qui avait géré les affaires d'une pupille en captivité, bien que ce ne fût pas une véritable tutelle. Cette défense s'étendait encore au tuteur honoraire, car il était responsable des suites de la tutelle, à la place de celui qui l'avait mal admininistrée (4).

La sanction de cette prohibition est : 1° la nullité du mariage; 2° l'infamie encourue par le tuteur, ou curateur, ou leur fils; 3° une peine prononcée contre lui par le magistrat, en raison de la dignité de la pupille; et cette peine allait quelquefois jusqu'à la relégation. En outre, le mari perdait, par rapport à la femme, le *jus capiendi ex testamento*, tandis que la femme peut recevoir *ex testamento viri* (5).

La prohibition n'était faite que pour la pupille. Aussi, un citoyen pouvait marier sa fille à celui dont il avait été tuteur ou curateur (6).

Par exception, le mariage est possible entre la pupille et son tuteur ou curateur, si le père de la pupille, avant de mourir, l'a fiancée

(1) L, 36; L. 37; L. 59. D. 23, 2.
(2) L. 66. D. 23, 2.
(3) L. 67. D. § 4 de ritu nupt.
(4) L. 60 proœm. de ritu nupt.
(5) L. 66. D. 23, 2.
(6) L. 66, § 2. D. 23, 2.

au tuteur ou curateur, ou bien si, dans son testament, il a manifesté la volonté que sa fille épousât son tuteur ou curateur (1).

IV. — Le commandement dans les provinces. — Mettre en avant l'intérêt du peuple, et, derrière cette sainte chose, abriter quelque mesure d'intérêt personnel, ou même quelque tyrannie, ce n'est pas Machiavel qui a inventé cette maxime. Elle était connue et pratiquée à Rome avec une merveilleuse habileté. Aussi, quand on étudie l'histoire du peuple romain, ses conquêtes et sa politique, il ne faut jamais s'arrêter à la cause apparente : c'est un prétexte. Cette remarque est trop dans le caractère romain pour que nous ne l'ayons pas faite. Il était défendu aux gouverneurs d'épouser une femme de la province où ils commandaient. Pourquoi cette défense? Pour protéger les provinces contre les abus d'autorité des gouverneurs, voilà le prétexte mis en avant. La raison véritable est tout autre : le gouvernement despotique de Rome craignait que, par suite d'une alliance puissante, le gouverneur ne s'attachât trop intimement à la province qu'il gouvernait, et n'y acquît une puissance inquiétante pour la métropole. Aussi, dès le commencement, les empereurs prirent l'habitude d'adresser aux gouverneurs des mandats dans lesquels ils leur défendaient d'épouser les femmes originaires de la province, et même celles qui y étaient domiciliées (2),

Le fils du fonctionnaire ne peut pas non plus épouser une femme de la province, tant que durent les fonctions de son père (3).

Il est permis au fonctionnaire de contracter des fiançailles avec une femme de la province qu'il administre. Alors il pourra l'épouser à l'expiration de ses fonctions, pourvu qu'à cette époque la fiancée consente au mariage.

La sanction de cette prohibition était la nullité du mariage ; mais avec ce tempérament curieux que le mariage devenait valable si les époux restaient unis, après que le mari était sorti de ses fonctions.

V. — La différence de religion. — Tant que la religion païenne fut pratiquée à Rome, la législation romaine n'établit aucun empêche-

(1) L. 36. D. 23, 2.
(2) L. 38 pr. D. 23, 2.
(3) L. 57. D. 23, 2.

ment au mariage entre personnes de religions différentes. Mais la religion chrétienne, devenue dominante, fit établir des prohibitions. Ce fut sous le règne de Constance, en 339, que l'on eut l'idée de créer un empêchement fondé sur la différence de religion. Mais notons que tout d'abord on ne défendit le mariage qu'entre les juifs et les femmes chrétiennes : en cas de violation, mariage nul et peine de mort. Plus tard, Valentinien et Théodose proscrivent tout mariage indistinctement entre juifs et chrétiens : la sanction était la peine de l'adultère (1). Justinien ne fit que confirmer ces règles en les insérant dans son Code (2).

Notons bien que ces défenses ne concernent que les juifs; les mariages avec les hérétiques étaient licites, tant au point de vue religieux qu'au point de vue civil; et saint Augustin ne craint pas de dire : « *Jam non putantur esse peccata.* »

VI. — Le Rapt. — Non-seulement cet empêchement était inconnu dans le droit classique, mais des auteurs vont jusqu'à dire que le mariage était imposé au ravisseur. Constantin, sous l'influence des idées chrétiennes, qui condamnaient sévèrement le rapt, prohiba le mariage entre le ravisseur et la jeune fille qu'il a enlevée, lors même que celle-ci avait favorisé l'enlèvement.

La sanction de cette prohibition était d'abord la nullité du mariage. De plus, Constantin avait édicté des peines excessivement sévères : 1° contre le ravisseur; 2° contre la jeune fille, lorsqu'elle l'avait suivi volontairement ou ne lui avait pas suffisamment résisté; 3° contre les complices du rapt; 4° contre les parents de la jeune fille enlevée, s'ils ne poursuivaient pas la punition du ravisseur (3).

Constantin n'avait établi cette prohibition que pour le cas de rapt d'une jeune fille. L'empereur Constance, son fils, l'étendit au cas d'enlèvement des femmes veuves et des religieuses (4).

Gratien alla jusqu'à déclarer qu'après cinq ans passés sans réclamation, le mariage serait inattaquable. Mais Justinien revint à la rigueur primitive.

Nous en avons fini avec le droit romain. Les lois que nous avons

(1) L. 2, C. Th., 3, 7. L. 5. C. J., 1, 9.
(2) L. 6. De Judæis et Cælic.
(3) L. 1. C. Th., 9, 24.
(4) L. 1. C. Th. 9, 25.

passées en revue survécurent, pour la plupart, à la chute de l'Empire. Et, quand les Barbares s'établirent dans les anciennes provinces romaines, ils trouvèrent toutes ces institutions en vigueur. Comment ces races indomptées arrivèrent-elles à se plier à des règles aussi sévères, comment la loi romaine parvint-elle à étendre son empire sur des hommes tels que les Francs et les Goths? Le christianisme eut la gloire d'accomplir cette œuvre difficile. De même qu'il fut le lien qui rattacha les nouveaux venus aux peuples primitifs, de même sa doctrine fut le ciment qui rapprocha les éléments les plus divers qui réunit les institutions chrétiennes, les lois romaines et les coutumes barbares, dans une imposante et indestructible unité.

II. — DROIT COUTUMIER

Avant 1789, la France était régie par deux législations bien distinctes, celles des pays de droit écrit et celles des pays coutumiers. — Le mariage faisait exception à la règle générale ; on peut dire qu'il était à peu près régi par les mêmes dispositions législatives. Ses conditions, en effet, et ses principes étaient presque tous empruntés au droit canonique ou réglés par des ordonnances royales. Les ordonnances ne firent que compléter un droit préexistant, elles donnèrent civilement aux canons des conciles et aux décrétales des papes la sanction de l'autorité royale.

Il en fut autrement en droit canonique : les canons des conciles formèrent la partie la plus importante du droit du moyen-âge. La première réforme de l'Église fut de faire triompher, non sans beaucoup de temps et d'efforts, le principe de l'indissolubilité, car malgré les protestations de l'Église, le concubinat persista pendant fort longtemps. A l'époque de Charlemagne, la puissance de l'Église grandit tout-à-coup, et avec elle, l'autorité du droit canon. Les règles devinrent civilement obligatoires. L'indissolubilité du mariage commenca à être acceptée.

Au treizième siècle, les lois de l'Église sont devenues lois de l'État. Il en fut surtout ainsi des prohibitions édictées par elle en matière de mariage ; non-seulement le concubinat avait disparu, mais l'indissolubilité du mariage ne fut plus en question. La célébration devant le prêtre était indispensable ; la juridiction ecclésiastique était seule compétente pour juger les questions de fait. L'Église fit déclarer le principe de l'égalité absolue de la femme et du mari, l'unité du mariage, son indissolubilité, la nécessité d'une célébration publique qui le distingua du concubinat.

Au quatorzième siècle, la monarchie croissant en autorité, les choses se modifièrent. Dès la fin de ce siècle, la juridiction ecclésiastique commença à être restreinte. Quelques années plus tard, on se trouve en face de la pragmatique sanction (1438), qui fixa les priviléges de l'Église de France. La juridiction de l'Église fut restreinte de nouveau ; on distingua le contrat civil du sacrement. Tout ce qui se rapportait à la validité du sacrement fut laissé à la juridiction des ecclésiastiques ; tout ce qui avait trait au contrat de mariage était de la compétence de la juridiction civile. La liberté de conscience faillit même plusieurs fois triompher sous Charles IX, Henri III, et surtout sous Henri IV, en vertu du célèbre édit de Nantes (1598), qui accordait aux protestants le libre exercice de leur culte. Ceux-ci n'étaient plus obligés, pour le mariage, de se présenter devant le prêtre. Il est vrai que leurs ministres remplaçaient le prêtre catholique ; le mariage auquel ils présidaient était considéré comme contrat civil.

Mais, comme le protestantisme abusa de cette faveur, qu'il s'était reconstitué comme parti politique, Richelieu, après beaucoup d'efforts, parvint à le vaincre. Louis XIV alla plus loin en 1685 : il révoqua l'édit de Nantes. La célébration devant le prêtre catholique devint de nouveau obligatoire pour tous les Français; le mariage était radicalement nul si la célébration n'avait pas eu lieu ; les enfants qui en naissaient n'étaient pas légitimes, ils étaient exclus par la loi de tout droit à la succession de leurs père et mère. Cet état de chose dura jusqu'en 1787, deux ans avant la révolution. A cette époque, Louis XVI rendit, par un édit, l'état civil aux protestants ; il déclara que leurs ministres, et à leur défaut, des officiers civils à ce désignés, seraient chargés de constater les naissances, mariages et décès des *religionnaires* ; que la bénédiction nuptiale devant l'église ne serait plus nécessaire à leur égard que, par conséquent, les mariages ainsi célébrés seraient aussi valables que ceux consacrés par le *propre cure* et que les enfants qui en naîtraient seraient légitimes.

Au point où nous sommes parvenus, c'est-à-dire dans le dernier état de l'ancien droit, voici quelle était la théorie du mariage : distinction plus accusée entre le contrat civil et le sacrement, droit pour le pouvoir séculier d'établir des empêchements dirimants sans le concours de l'autorité ecclésiastique ; nullité même, au point de vue religieux, des mariages contractés en violation de ces empêchements; juridictions ecclésiastiques jugeant, en vertu d'une concession spéciale de la royauté, certaines questions limitativement déterminées; il est vrai que ces derniers points sont très-vivement discutés.

Tel est le résumé de la doctrine de Pothier. Et maintenant, sur le point d'entrer dans le détail des conditions imposées par la loi, nous devons dire un mot d'une question qui domine toute cette matière; quels étaient sur ce point les droits respectifs de l'Église et de l'État? la querelle était vive.

Trois systèmes principaux étaient en présence. Dans une matière aussi délicate, nous n'osons dire vers quelle opinion nous inclinons. Nous nous contenterons donc de résumer brièvement ces trois systèmes.

Dans le premier système professé par tous les ultramontains, par conséquent en faveur à Rome, on soutenait que le pouvoir d'établir des empêchements dirimants ne peut appartenir qu'à l'Église(1) Dans cette opinion on raisonne ainsi : l'interprétation du droit divin appartient à l'Eglise. Or, tout ce qui touche à l'essence et à la validité des sacrements est de droit divin : donc tout ce qui touche à la validité du mariage appartient à l'Église. Qu'on se garde, ajoutait-on, de distinguer entre la validité du contrat et celle du sacrement, car « le contrat n'existe qu'au moment où se fait le sacrement de mariage. »

Le second système, défendu par Jean Launoy et Pothier, affirmait au contraire que ce droit appartenait aux seuls princes, et que si l'Église en jouissait, c'était par suite d'une délégation consentie par le pouvoir civil. Mais pourquoi cette délégation? Parce que la plupart des empêchements sont fondés sur la loi naturelle et religieuse. Or, dans un pays où le catholicisme était la religion de l'État, il était bien naturel que l'interprétation fût laissée au pouvoir religieux. La meilleure preuve que l'Église n'avait d'autres droits que ceux qui lui étaient délégués, c'est que, s'il s'agissait d'empêchements indépendants de toute idée religieuse, l'Etat seul avait droit de s'en occuper. Pothier dit encore que la dignité du sacrement, ajoutée au contrat, n'a pu en changer la nature, ni enlever au prince les droits qu'il exerçait justement, avant que la dignité du sacrement y fût ajoutée.

Par tout ce qui vient d'être dit, il ne peut rester aucun doute que la puissance séculière a le droit de faire sur le mariage des lois dont

(1) Note 1 : voir le *Traité du pouvoir de l'Église et des princes*, sur le Mariage de leurs sujets, p. Habert, théologal. de Paris.

l'inobservation le rend absolument et entièrement nul, non-seulement quant aux effets civils, mais même quant au lien, et qui l'empêche, en conséquence, de pouvoir servir de matière au sacrement du mariage.

Un troisième système, enseigné par un grand nombre de jurisconsultes et de théologiens gallicans, attribuait, concurremment à l'Église et au prince, le droit d'établir des empêchements dirimants : le mariage étant à la fois un contrat civil et un sacrement, le prince avait plein pouvoir sur le contrat et l'Église pouvait seule régler tout ce qui touche au sacrement.

Après cet aperçu général sur la législation française en matière de mariage dans l'ancien droit, nous examinerons : 1° Quelles étaient les principales conditions mises par la loi à la validité du mariage; 2° Quelles étaient les personnes qui pouvaient invoquer la nullité du mariage et les voies de recours.

CHAPITRE Ier

Conditions posées par la loi pour la validité du Mariage.

SECTION I

Puberté, Impuissance.

Dans le dernier état du droit romain la puberté était fixée à quatorze ans pour les hommes et à douze ans pour les femmes. Cet âge était le même dans l'ancien droit. Tout mariage contracté avant était radicalement nul.

La procréation des enfants est la fin principale du mariage, disait Pothier (1), par conséquent, les impubères qui sont incapables d'engendrer sont incapables de se marier. Cependant, d'après le droit canonique, si le mariage avait été célébré avant la puberté des époux ou de l'un d'eux, celui qui n'avait point atteint l'âge fixé et en qui la vigueur avait suppléé à l'âge, ne pouvait demander la dissolution du mariage : car le défaut de l'âge ne forme un empêchement de mariage qu'autant qu'il forme une présomption de défaut de puberté ; cette présomption est détruite lorsqu'il y a la preuve de sa puberté.

Lorsque, depuis l'âge de puberté survenu, les conjoints ont continué de demeurer ensemble comme mari et femme, cette cohabitation rétablit leur mariage; il en résulte un nouveau consentement tacite, que les parties donnent à leur mariage, dans un temps où elles sont devenues capables de contracter. C'est la décision de la loi 4, de rit. nupt. : *Minorem annis duodecim nuptam, tunc legitimam uxorem fore, quum apud virum explesset duodecim annos.* C'est aussi la doctrine de presque tous les auteurs.

L'impuissance à la génération est aussi, dans la personne en qui elle se rencontre, un empêchement dirimant qui la rend incapable

(1) *Traité du Contrat de Mariage*, n° 94.

de contracter aucun mariage. On distinguait diverses sortes d'impuissance : perpétuelle ou passagère, absolue ou respective. L'impuissance passagère, qui pouvait être guérie par des remèdes humains, n'empêchait pas la validité du mariage ; mais, si l'impuissance était perpétuelle, elle produisait un empêchement au mariage.

Quant à l'impuissance respective, elle rendait le mariage nul, lorsqu'elle était perpétuelle et qu'elle ne pouvait disparaître par des remèdes humains.

Il paraît que la vieillesse était un empêchement au mariage; mais Pothier nous dit que de son temps la loi civile avait fini par permettre les mariages entre vieillards parce que, dit-il : « Il y a eu des exemples, quoique très-rares, de personnes qui ont eu des enfants dans un âge très-avancé. »

La règle qui défendait à l'impuissant de se marier était une règle sage en elle-même, car ainsi que le dit Pothier : « La procréation des enfants étant la fin principale du mariage et cette procréation étant impossible sans l'union intime des corps, pour être capable de mariage, il faut au moins le pouvoir de parvenir à cette union. »

Si les impubères sont regardés comme incapables de contracter mariage parce qu'ils ne sont pas habiles à la génération, quoiqu'ils doivent un jour le devenir, à plus forte raison les impuissants, qui ne peuvent jamais le devenir, en sont incapables.

Le seul inconvénient était la difficulté d'attester cette impuissance sans blesser les règles de la modestie et de la décence. Le mari devait prouver matériellement devant témoins, ordinairement devant des médecins ou des chirurgiens, sa puissance génératrice, on appelait cela l'*épreuve du Congrès*. Cette épreuve immorale et peu probante n'avait pas laissé que d'être flétrie par les anciens auteurs; elle fut supprimée par un arrêt du 18 février 1677, rendu sur les conclusions de Lamoignon.

SECTION II

Non-existence d'un premier Mariage.

Le droit canonique ne permettait à la femme de contracter une nouvelle union, qu'autant que la mort de son premier mari était certaine. Il fallait qu'elle eût une preuve sûre de sa mort, ou par un extrait mortuaire, ou par un certificat de personnes dignes de foi, si le décès avait eu lieu dans un endroit où il n'y eût pas de registres de sépulture, ou que ces registres eussent été perdus.

Le mariage, tant qu'il n'est pas dissous par la mort de l'une des parties, est donc un empêchement dirimant qui défend au mari de contracter valablement mariage avec une autre femme, et à la femme de se marier valablement avec un autre homme avant la dissolution du premier. Cette décision a lieu, quand même le mariage serait contracté de bonne foi par l'une des parties, qui aurait un juste sujet de croire que l'autre partie était morte. Si on avait marié une femme sur la foi de certificats de la mort du premier mari, et que ce dernier se fût présenté de nouveau après la célébration du second mariage, le droit canonique décidait : que la femme devait retourner avec son premier mari, et que le second mariage était nul. Tout l'effet de la bonne foi avec laquelle les parties ont contracté le second mariage est que, quoiqu'il soit nul, les enfants qui en sont nés, ne sont point réputés bâtards, et qu'en considération de cette bonne foi, ils ont dans les successions de leurs père et mère les mêmes droits qu'ont des enfants nés d'un légitime mariage.

Les actes qui font foi de la mort du premier mari, à l'effet que le curé puisse marier la veuve sans se compromettre, sont :

1° Un extrait du registre des sépultures de la paroisse ou de l'hôpital où il est décédé, délivré par le curé ou par le prêtre à ce préposé, et légalisé par le juge ;

2° A défaut de cet acte, lorsque le registre a été perdu, ou lorsque, par la négligence du curé, l'acte de sépulture n'y a pas été porté, on pouvait y suppléer par un acte par lequel des personnes dignes de foi ont attesté devant le juge quelque fait justificatif de la mort de ce premier mari ; qu'elles ont assisté dans un tel lieu à son enterrement. Cet acte, expédié en bonne forme par le greffier de la justice, équipollait un extrait mortuaire. Il faut que le fait soit attesté au moins par deux témoins ;

3° Le certificat du major ou du commandant d'un régiment, qui atteste qu'un homme de son régiment a été trouvé parmi les morts à une telle action, est un valable certificat de mort ;

4° Le laps d'un temps de cent années et plus, qui s'est écoulé depuis la naissance d'une personne, forme une présomption de droit de sa mort.

Le concile de Verberie pourtant, tenu l'an 752 en présence du roi Pépin, avait fait exception au principe ci-dessus, dans un cas : celui où le mari partait pour la guerre à l'étranger; ce dernier pouvait alors se remarier du vivant même de sa première femme, lorsque celle-ci ne voulait pas le suivre. Le neuvième canon de ce concile s'exprime ainsi : « *Si quis necessitate inevitabili cogente, ad alium ducatum seu provinciam fugerit... et uxor ejus, cùm valet et potest, amore parentum eum sequi noluerit ; ipsa innupta permaneat ; nam ille vir, si se abstinere non potest, aliam uxorem cum pœnitentiâ accipere potest.* » Cette décision canonique fut supprimée bientôt après, et le droit civil ne l'a jamais admise.

SECTION III

Non-parenté ou Alliance civile.

Les empêchements qui résultaient de la parenté ou de l'alliance civile étaient très-nombreux. On distinguait : la parenté proprement dite, l'alliance civile et l'alliance naturelle. Pour la parenté proprement dite, nous avons à distinguer la ligne directe et la ligne collatérale. En ligne directe, on se montra toujours aussi sévère; mais il n'en fut pas de même en ligne collatérale. L'influence du droit canonique se fit surtout sentir ici. La preuve en est dans la manière de compter les degrés. L'Église écartant les principes du droit romain, voulut adopter une computation nouvelle, appelée *computation canonique.* En ligne directe, on compte dans le droit canonique autant de degrés que de générations. Mais en ligne collatérale, tandis que, *jure civili*, on compte les degrés par les générations, depuis l'un des parents désignés, jusques et non compris l'auteur commun, et depuis celui-ci jusqu'à l'autre personne déterminée; selon le droit canonique, au contraire, on compte seulement autant de degrés qu'il y a de générations de l'un des parents jusqu'à la souche commune. Si ce sont des parents placés à des degrés inégaux, comme l'oncle et le neveu, on doit compter autant de degrés qu'il y a de générations de la personne la plus éloignée de cette souche à l'auteur commun.

On ne sait pas bien quand a commencé, dans l'Église, cette manière de compter les degrés de parenté, pour les mariages, différemment du droit civil. Le plus ancien monument qu'on produit à cet effet, se trouve dans la lettre du pape saint Grégoire à saint Augustin de Cantorbéry, qui a été écrite sur la fin du VIe siècle, ou tout au plus tard au commencement du VIIe. Par cette lettre faite pour répondre aux questions de saint Augustin, sur la conduite qu'il devait tenir à l'égard des nouveaux chrétiens d'Angleterre, ce pape, sur la question de savoir à quel degré de parenté les mariages devaient leur être permis, s'exprima de la manière ci-dessus mentionnée (1).

La parenté en ligne directe était un empêchement au mariage en quelque degré qu'elle fût ; le père ne pouvait épouser sa fille, ni sa petite-fille, ni aucun des descendants de son fils ou de sa fille ; la mère ne pouvait non plus épouser son fils, son petit-fils, ni aucun descendant de son fils ou de sa fille.

En ligne collatérale, on sent aussi une répugnance que la nature inspire pour le mariage du frère et de la sœur. Quant à ceux qui étaient à des degrés plus éloignés, le droit canonique leur avait défendu le mariage, afin de multiplier les alliances dans les familles, et d'unir par ce moyen un plus grand nombre de personnes. Le droit canonique pensait encore que la familiarité qui se forme dès la jeunesse entre les parents des deux sexes, serait souvent dangereuse si ceux qui sont en degré si proche pouvaient espérer de s'épouser.

Avant le concile de Latran, tenu l'an 1215, sous le pape Innocent III, les mariages étaient défendus entre parents jusqu'au septième degré. Dans les trois derniers livres des *Capitulaires* de Charlemagne et de Louis le Débonnaire, recueillis vers le milieu du neuvième siècle, par Benedictus Levita, pour servir de supplément aux quatre premiers livres que l'abbé Andegisile avait recueillis du vivant de Louis le Débonnaire, nous trouvons quelques articles qui font mention de la défense des mariages entre parents jusqu'au septième degré. Ces règles firent naître de grands inconvénients ; il arrivait que dans un fief tout entier, il ne pouvait pas y avoir mariage ; d'un autre côté, les lois féodales rendaient difficile le mariage hors fief ; aussi, il en résultait que beaucoup de mariages se contractaient entre parents au mépris de ces dispositions.

Innocent III, pour remédier à cet inconvénient, fixa le quatrième degré canonique comme limite des empêchements au mariage entre parents.

(1) Pothier, *Traité du Mariage*, n° 127. Voy. aussi tome II de l'édit. des Bénédictins, page 1129.

L'affinité formait également un empêchement. L'affinité proprement dite, est le rapport qu'il y a entre l'un des conjoints par mariage, et les parents de l'autre conjoint. Quoiqu'il n'y ait pas de lignes ni de degrés dans l'affinité, les affins ne descendant pas d'une même souche, cependant, dans un sens moins propre, on y distingue aussi des lignes et des degrés. L'affinité de l'un des conjoints par mariage avec les parents de l'autre conjoint, est censée être dans la même ligne et au même degré qu'est leur parenté avec l'autre conjoint.

Dans le droit romain elle produisait un empêchement indépendamment de toute cohabitation. Le droit canonique, au contraire, distinguait entre le mariage consommé ou non-consommé. Le mariage non-consommé pouvait être rompu par l'époux qui voulait entrer dans la vie religieuse, et il n'y avait point là exception à l'indissolubilité du mariage, car il n'était complet qu'autant qu'il y avait eu cohabitation. Le mariage non-consommé ne produisait pas, par conséquent, une véritable alliance; mais il y a une autre espèce de relation entre ces personnes, qui, par une raison d'honnêteté publique, forment entre elles un empêchement de mariage, tel que celui de l'affinité.

Le Concile de Trente a bien restreint l'empêchement d'honnêteté publique qui résultait des fiançailles *de futuro*; mais il n'a pas touché à celui qui résultait du mariage non-consommé; il n'y a pas été question de cette espèce d'empêchement. Évidemment, lorsqu'il s'agit d'abroger ou de changer l'ancien droit par une loi nouvelle, il faut que la loi s'en explique expressément; ensuite un mariage parfait, quoique non-consommé, étant un engagement plus considérable, plus respectable, plus inviolable que celui qui renferme de simples fiançailles *de futuro*, on ne peut, de la diminution que le concile a apportée à l'empêchement des fiançailles, tirer aucune conséquence pour celui du mariage non-consommé; ce serait augmenter *à minori ad majus*, ce qui est un mauvais argument. Il faut donc tenir que l'empêchement d'honnêteté publique, qui résulte du mariage non-consommé, s'étend, de même qu'avant le Concile de Trente, aussi loin que celui qui résulte de l'affinité.

Par les lois romaines, l'affinité dans la ligne directe a, en tous les degrés, toujours été un empêchement dirimant du mariage (1).

Le mariage n'était point défendu par les lois romaines, entre les personnes qui ne se touchaient d'affinité que dans la ligne collaté-

(1) L. 14 de rit. nupt.

rale, jusqu'à la loi de l'empereur Constance, qui défendit, comme incestueux, le mariage avec la veuve de son frère, ou avec la sœur de sa défunte femme (1).

Cette loi fut renouvelée par Valentinien et Théodose. Honorius contrevint à la loi de son père, en épousant successivement les deux filles de Stilicon.

Quoique les empereurs n'eussent pas fait la loi pour défendre le mariage d'un neveu avec la veuve de son oncle, ce mariage étant pareillement défendu par la loi du Lévitique, l'Église le regardait comme incestueux.

Les Conciles de Clermont, 535, d'Orléans, 538, d'Auxerre, 578, réglèrent l'empêchement résultant de l'affinité; ces mariages furent régis comme ceux qui auraient eu lieu entre parents.

Le Concile de Latran, tenu l'an 1215, ayant borné au quatrième degré la défense des mariages pour cause de parenté, l'a bornée au même degré pour cause d'affinité.

Le concubinage dans l'ancien droit produisait une deuxième sorte d'affinité, à condition, toutefois, que le commerce illicite fût établi par des documents certains. Cette affinité formait un empêchement au mariage du concubin avec les enfants de la concubine et avec ses parents au quatrième degré et réciproquement. Le Concile de Trente restreignit ces prohibitions au premier ou au deuxième degré, et, bien que la France ne voulut pas adopter ses canons, on y appliqua cependant ses règles jusqu'en 1789.

Il y avait aussi empêchement au mariage résultant de la parenté purement civile, qui était formée par l'adoption entre la personne adoptée et son père adoptif, et tous les parents du nom et de la famille de son père adoptif. Cette parenté formait le même empêchement que la parenté naturelle. Cet empêchement subsistait dans la ligne directe même après que la parenté civile avait été dissoute par l'émancipation; mais, dans la ligne collatérale, l'empêchement, qu'avait formé la parenté civile, ne durait qu'autant que cette parenté elle-même.

Enfin, nous trouvons encore l'affinité *spirituelle*, résultant du baptême, et formant un empêchement dirimant entre l'enfant et ceux qui l'avaient tenu sur les fonts baptismaux; entre la personne qui avait baptisé et celle qui avait reçu le baptême (Concile de Metz, 753).

Entre le parrain et la marraine de l'enfant, la personne qui l'avait

(2) L. 2, Cod. Th. de incest. nupt.

baptisé et les père et mère du baptisé (Concile de Metz et de Compiègne, 757); entre les enfants du Parrain ou de la marraine et du baptisé (Concile de Mayence 813).

Le Concile de Trente réduisit à trois les cas d'affinité spirituelle:

1° Entre la personne baptisée et le baptisant;

2° Entre le baptisé et les parrain et marraine;

3° Entre les père et mère du baptisé et les parrain et marraine.

Quoiqu'on n'ait pas reçu en France le Concile de Trente, les restrictions qu'il a apportées à l'empêchement de l'alliance spirituelle, étaient trop raisonnables pour n'y être pas adoptées.

L'empêchement du mariage, qui était formé autrefois entre le filleul ou la filleule et les enfants de leur parrain ou de leur marraine, se trouve aboli par la clause du Concile aussi bien que plusieurs autres espèces d'alliances spirituelles, qu'on avait imaginé pouvoir faire des empêchements de mariage. Il n'est plus douteux aujourd'hui, que le parrain et la marraine, qui tiennent un enfant sur les fonts de baptême, ne contractent ensemble aucune véritable alliance spirituelle; bien loin que leur compérage forme entre ces personnes un empêchement de mariage, il y est très-souvent un acheminement. Ces empêchements ci-dessus mentionnés qui avaient tous leur raison d'être dans l'union intime de l'Eglise et de l'Etat, n'ont plus aujourd'hui qu'un intérêt historique.

SECTION IV

Consentement des personnes sous l'autorité desquelles les conjoints étaient placés.

A Rome la nécessité de consentement découlait de la puissance paternelle; elle disparaissait quand l'enfant était émancipé. Sous les empereurs chrétiens nous assistons à un double mouvement : d'abord l'émancipation ne fait pas perdre le droit de consentir au mariage. En second lieu, ce droit, à la mort du père, passe à la famille.

A l'époque féodale, à côté du consentement de la famille se plaçait celui du seigneur féodal; les femmes ou filles héritières d'un fief « mouvant » d'une même seigneurie y furent seules soumises. On pouvait faire appel, lorsque le seigneur ne consentait pas au mariage et qu'il ne motivait pas son refus; de plus, la femme pouvait donner une somme d'argent comme indemnité du droit de garde, et la cour des Barons pouvait forcer le seigneur à l'accepter et à se désister de son opposition (Établissement et ordonnance de saint Louis). Ainsi, il y a pour les nobles un droit absolument différent de celui des roturiers. Mais, au XVIe siècle, la monarchie ayant repris la direction des affaires, le droit féodal, sans disparaître pour cela, dut entrer dans les cadres de la loi civile, et le droit des roturiers fut le droit commun, le droit civil. En présence de cette situation, on n'exigea plus que le consentement du père et de la mère. La puissance paternelle, à son tour, s'étant affaiblie, Henri II, dans un édit du mois de février 1556, décida que le fils mineur de trente ans, et la fille mineure de vingt-cinq ans, qui se mariaient sans le consentement de leur père et de leur mère, pouvaient être exhérédés par leurs parents, et en cas d'exhérédation, ils perdaient tout droit au bénéfice de leurs conventions matrimoniales. Ceux qui étaient majeurs de vingt-cinq ans ou de trente ans devaient demander l'avis de leurs parents. Vint ensuite l'ordonnance de Blois, rendue par Henri III en 1558; elle fut plus sévère que la première, celle de 1556. Nous y trouvons les mêmes sanctions, et de plus, la nullité du mariage au moins d'une manière implicite. Cette ordonnance déclare que les prêtres qui donneraient la bénédiction nuptiale sans demander aux parties la preuve du consentement de leurs parents, seraient poursuivis comme fauteurs du crime de rapt (Pothier, contrat du mariage, n° 326). Vint, en troisième lieu, la déclaration de Louis XIII, du mois de novembre 1639. Cette ordonnance distingue entre les mineurs de vingt-cinq ans et les mineurs de trente ans : ces derniers sont toujours régis par l'édit de Henri II; mais elle décide que les mineurs de vingt-cinq ans qui seront mariés sans consentement, seront privés des droits qu'ils pourraient acquérir soit par testament, soit par succession *ab intestat*. On présumait en outre qu'il y avait eu séduction, et on pouvait conséquemment demander la nullité du mariage.

Si le père et la mère étaient morts, c'était le tuteur qui donnait le consentement, après avoir cependant consulté la famille. Tout cela s'appliquait aux enfants légitimes.

L'obligation, dans laquelle sont les enfants, soit d'obtenir, soit, lorsqu'ils ont passé un certain âge, de requérir au moins le consentement de leurs père et mère pour leur mariage, est un effet du droit de puissance paternelle que les père et mère ont sur leurs enfants.

Le droit de puissance paternelle étant un des effets civils du mariage, les père et mère ne peuvent avoir ce droit que sur les enfants qui leur sont nés ou censés nés d'un légitime mariage : ils n'ont point ce droit de puissance paternelle sur leurs bâtards, d'où il suit que ceux-ci ne sont dans l'obligation d'obtenir, ni même de requérir leur consentement.

Les bâtards, garçons et filles, étaient tous majeurs à l'âge de vingt-cinq ans. Lorsqu'ils sont mineurs, ils ont, comme les autres, besoin pour se marier, du consentement de leur tuteur ou curateur ; et lorsqu'ils n'en ont point, on doit leur en créer un.

Suivant un ancien usage qui s'est toujours pratiqué, les princes du sang ne pouvaient, quel que fût leur âge, se marier sans le consentement du roi. On connaît l'arrêt de 1634 qui annula le fâmeux mariage de Gaston, duc d'Orléans, frère de Louis XIII, avec la princesse Marguerite de Lorraine ; on sait que cet arrêt fut reconnu par le clergé.

Les serfs ne pouvaient se marier sans le consentement du seigneur. S'ils contrevenaient, ils devaient l'amende de fors-mariage.

SECTION V

Consentement des Époux.

Cette condition, de toutes la plus importante, exigera de longs développements dans notre étude sur le droit actuel, et nous devons nous borner ici aux choses indispensables. On distinguait dans l'ancien droit français trois vices de consentement : l'erreur, la violence et la séduction.

Dans l'ancien droit, et selon le droit canonique, l'erreur ou la surprise par rapport à la personne était aussi un empêchement au mariage. Il y a erreur quand on croit épouser une personne et qu'on en épouse une autre. Pierre croit épouser Jeanne et on suppose Marie à la place de Jeanne. Le mariage est nul parce qu'il n'est pas volontaire de la part de Pierre, et qu'un contrat, dans lequel il n'y a pas consentement de la part des parties contractantes, est nul même suivant le droit naturel. Une pareille erreur est incompatible avec ce qui est de l'essence du mariage : car il est de l'essence du mariage qu'il y ait un homme et une femme qui veuillent l'un et l'autre s'épouser, ce qui ne se trouve pas dans le cas précédent.

L'erreur ne s'étendait pas aux qualités, à la fortune et aux vertus de la personne, parce que cette espèce d'erreur ne détruit point la liberté du consentement. Si Pierre, en épousant Jeanne l'a crue riche, d'une famille illustre et vertueuse, et que plus tard il apprenne qu'elle est de basse extraction, qu'elle est pauvre, qu'elle a mal vécu avant de l'épouser, toutes ces raisons ne pourraient pas rendre le mariage nul ; car l'erreur de Pierre ne détruit pas le consentement qu'il a effectivement donné à son mariage avec Jeanne ; et le mariage ayant été une fois contracté par son consentement, le caractère d'indissolubilité de mariage rend le consentement irrétractable, et non sujet à rescision. C'est pourquoi, quand même ce serait par le dol de Jeanne que Pierre aurait été induit dans l'erreur en laquelle il a été sur son compte, il ne serait pas recevable à demander, pour raison de ce dol, la rescision de son mariage. Il n'est pas de l'essence du mariage, que la femme que j'épouse ait les qualités que je crois qu'elle a ; il suffit que ce soit celle que j'ai voulu épouser.

L'erreur par rapport à la condition, que les canonistes proposent comme un des empêchements du mariage, ne regarde que la servitude. Ainsi, un homme qui épouse une esclave, la croyant libre, n'est pas marié valablement pourvu qu'il n'ait pas renouvelé son consentement en présence du curé depuis qu'il connaissait la condition servile de la personne qu'il avait épousée. Cette dernière règle n'avait pas d'application dans l'ancien droit français, car la servitude proprement dite n'existait pas en France. Il est vrai qu'il y avait encore pour quelques provinces, telles que le Nivernais, le Bourbonnais, la Bourgogne, des personnes que l'on appelait *serfs*. Ces serfs ou gens de mainmorte, tout en étant des personnes libres et ayant l'état et les droits de citoyens, étaient assujettis à plusieurs services ou corvées envers le seigneur dont ils étaient serfs ; mais cette espèce de servitude ne pouvait faire déclarer un mariage nul. Cependant, il était à remarquer que dans quelques endroits le serf qui se mariait sans le consentement de son seigneur lui devait une amende de fors-mariage et que, s'il épousait une personne franche ou d'une autre servitude, le seigneur prenait le tiers des meubles et des immeubles.

Le deuxième vice de consentement était la violence. Ici, comme ailleurs, il faut que la violence soit de nature à agir sur une personne raisonnable et à lui inspirer la crainte d'un mal présent et sérieux. Ainsi, la violence était comme aujourd'hui un vice de consentement et elle rendait nulle l'union qui en était infectée. Le consentement nécessaire pour la validité du mariage est un consentement parfait, un consentement libre et spontané, qui est incompatible avec la violence qu'on emploierait pour l'extorquer.

Le troisième vice de consentement était la séduction qui n'est pas moins contraire que la violence à la liberté du consentement requise pour le mariage. Un consentement surpris par dol ou séduction, est imparfait, comme l'est celui extorqué par violence. La séduction était présumée dans deux cas : le premier, lorsqu'un mineur se mariait sans le consentement de ses ascendants; le second avait lieu lorsque deux personnes majeures s'unissaient légalement entre elles après un commerce illicite (1).

SECTION VI

Célébration du Mariage.

Les lois de l'époque franque qui avaient exigé pour la validité du mariage la bénédiction nuptiale et la célébration en face de l'Église tombèrent plus tard en désuétude. Le mariage continua donc pendant plusieurs siècles encore à se former purement et simplement par des promesses réciproques de s'unir.

L'Église exigea des fiançailles voisines du mariage. Il ne paraît pas douteux que l'ancien usage des fiançailles avait pour but de faciliter, de régulariser cette situation délicate qui précède nécessairement les mariages, ces entrevues, ces rapports dans lesquels les futurs époux cherchent à se connaître, à s'apprécier, à s'assurer enfin s'ils se conviennent. C'était comme une épreuve légale destinée à prévenir les dangers des mariages contractés avec trop de précipitation et les conséquences irréparables des unions mal assorties. Le pape Nicolas Ier ayant déclaré dans sa réponse aux Bulgares que l'absence de la bénédiction religieuse et de la célébration en face de l'Église n'était pas un péché, on se crut autorisé à se contenter de ces fiançailles voisines du mariage et bénies par le prêtre (2).

Ce pape dit bien clairement que le seul consentement des parties, donné selon les lois, c'est-à-dire, pourvu que les lois permettent le

(1) Voy. Pothier, *Contrat de Mariage*, no 230.

(2) L'usage, plus abusif encore, s'établit de les faire devant notaires et non plus devant l'Église.

mariage entre ces personnes, quoiqu'elles ne soient pas allées à l'église recevoir la bénédiction nuptiale, suffit pour la validité du sacrement de mariage.

Le décret du concile de Trente ne pouvant pas remédier aux abus des mariages clandestins en France, où ce concile n'était pas reçu et où ses décrets ne pouvaient par conséquent avoir aucune autorité, le roi Henri III jugea à propos d'y remédier lui-même. Il emprunta la plupart des dispositions du concile, et ces emprunts se renouvelèrent sous le règne de ses successeurs, et c'est alors seulement que, dans l'ancien droit, la publicité du mariage devint une condition de sa validité.

Déjà, au mois de février 1556, pour frapper plus sûrement les mariages clandestins, Henri III avait permis d'exhéréder les enfants qui se seraient mariés sans le consentement de leurs parents. Mais, pour remédier aux abus de la clandestinité il fallait frapper de nullité les mariages qui en étaient entachés. C'est ce que fit Henri III dans l'article 40 de l'Ordonnance de Blois, où il est dit : « Avons ordonné que nos sujets ne pourront *valablement* contracter mariage sans proclamations précédentes; après lesquels bans seront épousés publiquement; et pour témoigner de la forme, y assisteront quatre témoins dignes de foi (1), dont sera fait registre, etc. »

On s'explique facilement la résistance que ces pratiques nouvelles durent rencontrer dans les mœurs et les usages. Le clergé, si intéressé à l'observation d'une loi qui sanctionnait les prescriptions mêmes du concile, se plaignit des violations qui avaient lieu sans cesse, et ses remontrances motivèrent un édit rendu au mois de mars 1606, par Henri IV, lequel attribue dans son article 12 la connaissance des causes de mariage aux juges d'Église à la charge par eux d'observer les ordonnances, notamment celle de Blois.

On peut juger de l'importance qu'attachèrent les rois de France à la stricte observance de ces règles par l'insistance avec laquelle ils y reviennent : ainsi Louis XIII, dans la déclaration de Saint-Germain-en-Laye, datée du 26 novembre 1639, prescrit de nouveau l'application de l'ordonnance de Blois, et « interprétant iceluy, » ajoute « qu'à la célébration du mariage assisteront quatre témoins dignes de foi, outre le curé qui recevra le consentement des parties et les conjoindra en mariage suivant la forme pratiquée en Église. »

(1) Remarquons ici un accroissement de rigueur sur les prescriptions mêmes du Concile qui n'exigeait que deux ou trois témoins.

C'était aller plus loin que le concile de Trente. En effet, par cette législation le curé reçoit un rôle actif : « il *conjoint* » les époux; il faut un acte de sa volonté auquel ceux-ci ne pourraient suppléer. Au contraire, la législation canonique ne donne au curé qu'un rôle tout passif : il assiste au mariage sans y concourir autrement que par sa présence; il n'est, en un mot, qu'un témoin nécessaire et forcé (1).

La célébration devait avoir lieu en face d'Église : or, cette locution « *en face d'église* » ne veut pas dire dans le temple, mais devant la sainte Eglise considérée comme corps, et dont le curé serait le représentant pour ses paroissiens. En effet, on regardait comme parfaitement valables les mariages *in extremis* célébrés dans une maison particulière. Si on les privait d'effets civils, ce n'était pas qu'on en méconnût la validité, mais pour des motifs complétement étrangers à notre question. Voilà pourquoi le concile de Trente, dans son texte, dit seulement que le mariage doit être célébré en face du curé. — La clandestinité du mariage et la nullité qui en résultait n'étaient point attachées à cette seule circonstance, la célébration hors de l'Église; elles dépendaient d'un ensemble de faits par lesquels on était parvenu à diminuer la publicité du mariage, dans le but frauduleux d'échapper à quelque prohibition.

(1) La différence est, on le voit, radicale. Dans le premier cas, il dépend du curé d'empêcher le mariage en refusant son concours ; dans le second cas, le mariage se forme, le curé voulût-il s'y opposer, dès là qu'il est présent.

CHAPITRE II

Personnes qui peuvent invoquer les nullités du Mariage. Voies de recours.

Les mariages contractés au mépris des dispositions légales étaient, en droit romain, nuls de plein droit. La nullité produisait son effet, *ipso facto*, indépendamment de tout fait postérieur. Dans l'ancien droit comme aujourd'hui, la nullité ne résultait pas *ipso facto* de la violation des règles exigées; elle devait être demandée par les parties dès qu'il y avait eu célébration, et elle devait être prononcée par le juge compétent. Dans une première section, nous allons voir quelles personnes avaient le droit de se prévaloir de la nullité; dans une seconde, nous examinerons quels étaient les tribunaux compétents.

SECTION I

Personnes qui peuvent se prévaloir de la nullité du Mariage.

En règle générale, non-seulement les conjoints, mais encore toutes les personnes intéressées, pouvaient demander la nullité du mariage. Il était de principe cependant, que les collatéraux ne pouvaient attaquer le mariage dans ses effets qu'après la mort de l'un des époux; car, jusque-là, ils n'avaient aucun intérêt né, qui pût les y rendre recevables. Lorsque les circonstances rendaient le mariage susceptible d'être attaqué par les parents collatéraux de l'une des parties, on ne pouvait leur opposer, comme fin de non-recevoir, qu'ils avaient paru donner quelque signe d'approbation de son mariage du vivant de leur parent. L'approbation donnée à un acte, ne rend non-recevable à l'attaquer, que lorsqu'elle a été donnée dans un temps où le droit de l'attaquer était ouvert; on est censé, en ce cas, renoncer à son droit; mais en ce cas-ci, les parents collatéraux n'ayant eu aucun droit de critiquer, ni même d'examiner le mariage de leur parent de son vivant, les signes d'approbation, qu'ils paraissaient y avoir alors donnés, ne pouvaient opérer contre eux aucune fin de non-recevoir pour l'attaquer après sa mort. En ce sens, un arrêt est rendu le 1er août 1707 sur les conclusions de M. Lenain, avocat général. L'arrêt est rapporté au sixième tome du *Journal des audiences* (1).

Selon le langage de l'ancien droit, il y avait à distinguer les vices absolus et ceux qui étaient seulement respectifs.

Les *vices absolus* résultaient de la parenté, de l'affinité, de l'engagement dans les ordres sacrés, du défaut de bénédiction nuptiale devant le propre curé.

On appelait *vices respectifs*, ceux qui n'étaient vices d'un mariage, que parce qu'on avait violé le droit de quelqu'une des parties intéressées, tels qu'étaient ceux qui résultaient du défaut de consentement des père et mère au mariage de leurs enfants mineurs; celui qui résultait de l'erreur, de la séduction, de la violence faite à l'une des parties contractantes, pour extorquer son consentement.

Les vices absolus avaient cela de particulier qu'ils pouvaient être invoqués, non-seulement par chacune des parties, mais encore par toutes les personnes qui avaient un intérêt. Mais la demande en cassation de mariage ne pouvait être intentée pour raison des vices respectifs, que par la partie qui prétendrait qu'on aurait violé ses droits. Ainsi, il n'y a que les père et mère qui puissent attaquer le mariage pour le défaut de leur consentement; lorsqu'ils ne s'en plaignent pas, et lorsqu'ils n'attaquent pas le mariage, ils sont censés y consentir; ni l'une ni l'autre des parties contractantes n'est recevable à en demander la cassation pour le défaut de ce consentement. Pareillement, lorsque le consentement de l'une des parties, à son mariage, a été extorqué par violence ou par séduction, il n'y a que cette personne qui soit reçue à intenter l'action en cassation de mariage; l'autre partie n'y est pas recevable.

(1) Pothier, *Contrat de Mariage*, n° 448.

SECTION II

Des Voies de recours.

Les parties contractantes pouvaient faire annuler le mariage, soit par une demande en cassation portée devant le juge ecclésiastique, soit par l'appel comme d'abus porté devant la grande chambre du Parlement. Le juge d'église n'était compétent que pour statuer sur la validité ou l'invalidité du mariage. Si une des parties prétendait contre l'autre des dommages et intérêts, le juge d'église ne pouvait, sans abus, en connaître. Il devait, dans ce cas, après avoir statué sur la validité ou l'invalidité du mariage, renvoyer, pour les dommages et intérêts, les parties devant le juge séculier.

Les Parlements étaient chargés d'annuler tous actes ou procédures émanant de l'autorité ecclésiastique; ils devaient encore veiller au maintien des ordonnances et des canons reçus en France et qui étaient devenus lois de l'État.

L'appel comme d'abus avait lieu lorsqu'il y avait conflit de juridiction entre le pouvoir judiciaire et le pouvoir ecclésiastique. Dans le cas d'empiétement des tribunaux du clergé, l'autorité séculière avait jugé, d'accord avec le parlement, de porter l'affaire, non par devant un juge ecclésiastique soupçonné de partialité, mais devant un juge laïque, chargé de casser les décisions des tribunaux ecclésiastiques qui auraient dépassé leur pouvoir.

Les arrêts des Parlements étaient sans appel, et avaient par conséquent l'avantage de soustraire la famille à l'incertitude des jugements ecclésiastiques.

Telles étaient en abrégé les dispositions de l'ancien droit. La juridiction ecclésiastique, affaiblie surtout dans les derniers temps, disparut complètement avec la révolution qui établit le mariage sur des bases nouvelles. La loi du 18 septembre 1792 posa une grande différence entre le contrat civil et le contrat religieux; elle donna aux officiers civils le droit de célébrer le mariage; ils doivent veiller à ce que les opérations soient régulièrement faites.

D'après cette loi encore, les hommes pouvaient contracter mariage à quinze ans, les femmes à treize ans. Le consentement du père était exigé pour le mineur de vingt-un ans, ou bien celui du conseil de famille (1), si le père et la mère étaient tous les deux morts ou incapables.

Le mariage était interdit en ligne directe entre parents et alliés. En ligne collatérale, le mariage du frère et de la sœur était seul défendu. On avait admis le divorce.

Les communautés religieuses ayant été abolies par les lois des 13-19 février 1790 et du 18 août 1792, l'empêchement résultant des vœux monastiques n'exista plus. Des décrets du 19 juillet et du 12 août 1793 allèrent même jusqu'à autoriser le mariage des ecclésiastiques.

Nous arrivons ainsi au titre du mariage, décrété le 26 ventôse et promulgué le 6 germinal an XI (17-27 mars 1803).

(1) Le conseil de famille se composait de cinq parents, les plus proches, ou des voisins, si les parents étaient en nombre insuffisant.

III — CODE NAPOLÉON

NATURE DU MARIAGE.

Nous avons vu ce qu'était le mariage dans l'ancienne monarchie ; dans notre introduction nous nous sommes arrêté au moment où Louis XVI, par l'édit de 1787, régularise la situation des sujets protestants, et crée, en leur faveur, un mariage purement civil, qui produit les mêmes effets légaux que le mariage « en face d'église. » La révolution éclate. Que deviennent les lois qui régissent le mariage ? C'est ce que nous nous proposons d'examiner avec tout le soin possible.

Un des premiers actes de l'Assemblée constituante fut de proclamer la liberté des cultes (séance du 23 août 1789). La Constitution du 3 septembre 1791 en fut la suite logique : « La loi, dit l'art. 7, ne considère le mariage que comme contrat civil. Le pouvoir législatif établira, pour tous les habitants, sans distinction, le mode par lequel les naissances, mariages et décès seront constatés ; et il désignera les officiers publics qui en recevront et conserveront les actes. »

C'était déclarer le mariage civil indépendant, le pouvoir séculier séparé du pouvoir ecclésiastique. Il n'y avait là aucune atteinte à la liberté de conscience, et cette disposition de la Constitution de 1791, nous semble facile à justifier :

Il y avait en France des sujets non catholiques, qui avaient droit à la protection de la loi : il fallait, en conséquence, leur laisser le moyen de contracter un mariage légitime, en dehors de toute cérémonie religieuse qui répugnerait à leur conscience ; car, dans l'état actuel des sociétés, alors que l'unité de croyance n'existe plus, il nous semble qu'il est du devoir d'une bonne législation de respecter les diverses croyances religieuses. Une loi qui, par quelque côté, froisserait la conscience des citoyens, nous semblerait une loi inique.

L'Assemblée législative alla plus loin. Elle méconnut le caractère religieux du mariage ; elle modifia complétement sa nature, le jour où elle posa en principe, dans le préambule de la loi du divorce, que le mariage n'est qu'un contrat civil. Toutefois, la même Assemblée termina la seconde loi du même jour (20 septembre 1792) sur l'état civil, en déclarant qu'elle n'entendait ni innover, ni nuire à la liberté qu'avaient tous les citoyens de consacrer les naissances, mariages et décès, par les cérémonies de leur culte (Tit. VI, art. 8). Il faut du moins savoir gré à l'Assemblée législative d'avoir respecté la liberé des catholiques ; et si désormais l'union célébrée devant un prêtre ne fut plus un mariage aux yeux de la loi civile, du moins est-il certain que les parties restèrent libres de recevoir la bénédiction du prêtre, avant de se présenter devant l'officier de l'état civil.

La Convention elle-même ne s'opposa pas à ce que le mariage religieux précédât le mariage civil. Durand de Maillane, député à la Convention, l'atteste hautement dans une lettre adressée au ministre de la justice, le 6 février 1793 : « ..... Les deux époux, dit-il, peuvent donc demander la bénédiction nuptiale, pour l'intérêt de leur concience, *avant comme après* la formation du contrat devant la municipalité..... »

Et Buchez, dans son *Histoire parlementaire*, t. 24, p. 317 à 720, s'exprime ainsi :

« Il peut arriver que certains catholiques se fassent une peine d'aller à la municipalité avant que d'aller à l'église ; et il est très-indifférent à la République que le contrat qui doit légitimer les époux *précède* ou *suive la bénédiction ecclésiastique.* La preuve, c'est qu'elle n'en a fait *aucune défense* dans sa loi du 20 septembre 1792, d'où l'on peut tirer cette conséquence, qu'il est permis de faire ce que la loi ne défend pas. »

Telles furent les décisions de l'époque révolutionnaire. Et si la nature du mariage fut complétement modifiée en ce sens que la loi civile ne tint aucun compte de la célébration religieuse, et ne vit dans le mariage qu'un contrat purement civil; du moins, nous aimons à le répéter, la liberté de conscience était sauvegardée.

Quelle est donc la loi qui renchérit si audacieusement sur les décisions de l'Assemblée législative et de la Convention?

Cette loi est celle du 18 germinal an X; c'est aux articles organiques que nous devons les dispositions qui sont venues porter une atteinte directe à la liberté des consciences. En vain d'éminents professeurs se sont efforcés de défendre la loi civile contre le grave reproche que nous lui faisons; en vain ils ont voulu prouver que notre loi, sagement entendue, donnait pleine satisfaction aux intérêts catholiques. Nous croyons fermement que, dans l'état actuel de la législation, si un mari, le lendemain du contrat civil, refuse de conduire sa femme à l'église, le mariage restera parfaitement valable; et que la femme, en conséquence, pourra être contrainte de suivre cet homme qui l'outrage, et de vivre avec lui, dans un état que réprouve sa conscience, à moins qu'elle n'ait recours au remède bien insuffisant de la séparation de corps.

Ainsi, la loi civile nous paraît avoir commis une double faute : premièrement, le jour où l'Assemblée législative changea la nature du mariage en ne tenant aucun compte du sacrement; secondement, le jour où les articles organiques enlevèrent aux catholiques le droit de recevoir la bénédiction de l'Église, avant de se rendre à la cérémonie civile.

Mais, nous dira-t-on, que voulez-vous dire, quand vous reprochez à l'Assemblée législative d'avoir changé la nature du mariage? Dans l'état actuel des sociétés, la loi civile doit éviter de prendre parti pour telle ou telle opinion religieuse; à ses yeux, le mariage n'est pas un sacrement; c'est un contrat!

Que la loi civile ne s'occupe pas du sacrement, c'est son droit: mais qu'elle semble nier son existence en dispensant d'y recourir, voilà un empiètement! Qu'elle ait institué, pour les libres penseurs, un mariage purement civil, nous le comprenons; mais qu'elle ait prétendu imposer aux catholiques la même forme civile; qu'elle ait voulu remplacer Dieu par l'homme, l'autel du prêtre par la table du maire, voilà ce qui est regrettable! En effet, cette formalité ne contentera jamais l'esprit d'un catholique; il s'adressera toujours à Dieu pour obtenir une consécration.

On peut supposer que quelques-uns des législateurs d'alors, rendus à un état plus calme, plus réfléchi, devaient sentir le besoin de rattacher à la religion le plus solennel des engagements; les paroles de Portalis, au nom du gouvernement, semblent respirer cette impression : « Tous les peuples, dit-il, ont fait intervenir le Ciel dans un contrat, qui doit avoir une si grande influence sur le sort des époux, qui, liant l'avenir au présent, fait dépendre leur bonheur d'une suite d'événements incertains, et qui, agitant leur craintes comme leurs espérances, semble appeler le secours de la religion établie entre le ciel et la terre pour combler l'espace immense qui les sépare. »

Toutefois, ces paroles éloquentes furent stériles, la loi resta muette ; elle n'appela point la religion à s'unir à elle pour imprimer dans le cœur des époux ces sentiments profonds de devoirs mutuels, de dévouement, de résignation même, qui peuvent les soutenir au milieu des fréquents orages d'une vie commune. Quand nous envisageons le mariage tel que l'a fait la loi civile, répond-il à l'idée que l'on se fait, avec raison, de cet acte solennel dans la destinée de chacun ? Et Napoléon n'avait-il pas raison de s'écrier : « C'est un peu sec... voyez les prêtres ! »

Mais ce qui prouve, mieux que tous les raisonnements, à quel point la loi s'est abusée, ce sont les faits, l'expérience de chaque jour. En vain la loi civile déclare parfaite l'union contractée devant l'officier public, l'opinion la méconnaît sans pitié. L'épouse de la loi marche presque toujours aux autels de la religion, et celle qui ne s'est pas présentée devant Dieu n'ose pas lever les yeux devant les hommes.

Interrogez, dit M. Auguste Captien (*Recherches sur la forme du mariage*, p. 15), la naïve droiture des habitants de nos campagnes.... Mesurez toute la distance qui sépare à leurs yeux une formalité civile d'une cérémonie sacrée : ils vous répondront, sans hésiter, qu'ils se font enregistrer devant les hommes, mais qu'ils ne se marient que devant Dieu. »

Disons-le donc hardiment, il faut une réforme. Cela est si vrai, que, depuis quelques années, l'attention des jurisconsultes s'est souvent portée sur ce point délicat. Chacun a proposé son remède.

Il nous suffira d'exposer brièvement la solution qui a conquis toutes nos sympathies, parce qu'elle a l'heureuse fortune de respecter le principe sacré de la liberté des consciences, sans cependant rien abandonner des droits de la vérité catholique.

Le mariage est, dans *son essence*, un contrat consensuel. Sans doute la loi civile exige, pour sa validité, l'accomplissement de certaines formes solennelles. Mais en allant au fond des choses, on voit clairement que le but de ces formalités a été d'assurer la *publicité* du contrat, mais non pas d'enlever au mariage son caractère vraiment essentiel.

Ce principe une fois admis, et nous ne croyons pas qu'on puisse le contester, il devient absolument nécessaire que les formalités imposées par la loi ne soient point un obstacle à la liberté du consentement. Si cette liberté est atteinte, et c'est ce qui a lieu en France, ainsi que nous l'avons précédemment démontré, la loi a dépassé le but qu'elle pouvait se proposer d'atteindre.

Il faut donc une réforme. Mais laquelle? La législation civile, pour être vraiment équitable, devrait admettre, au même titre que la solennité civile, la célébration religieuse par le ministre de l'un des cultes reconnus, même force, mêmes effets dans les deux cas.

Mais dès lors, on le comprend, la loi serait en droit d'exiger que l'autorité civile fût avertie, avant toute célébration religieuse, afin qu'elle pût prendre ses mesures pour empêcher la célébration de certains mariages, qui, tout en étant valables aux yeux de la loi religieuse, seraient contraires à la législation civile. En conséquence, le prêtre ne pourrait célébrer le mariage avant que les publications, exigées par le Code Napoléon, eussent été régulièrement faites, avant que le Procureur de la République eût été averti que les parties sont dans l'intention de célébrer le mariage; de cette manière, le ministère public aurait le temps de signifier les oppositions et de prendre toutes les mesures qu'il jugerait nécessaires.

En un mot, si notre système était admis, il y aurait lieu de tracer quelques règles nouvelles, d'ailleurs peu compliquées, pour éviter les conflits entre le pouvoir civil et le pouvoir ecclésiastique.

NULLITÉ DU MARIAGE.

M. Portalis, l'orateur du gouvernement et une foule d'auteurs après lui ont défini le mariage : « La société de l'homme et de la femme, qui s'unissent pour perpétuer leur espèce, pour s'aider, par des secours mutuels, à porter le poids de la vie et pour partager leur commune destinée. » Cette définition ne distingue pas suffisamment le concubinage du mariage. C'est, à notre avis, confondre l'objet essentiel du mariage avec l'un des effets qui s'y trouvent attachés. Le mariage donne bien à chacun des époux un droit sur le corps de l'autre; mais le commerce charnel n'est pas nécessaire pour la perfection du mariage (1).

Or, le mariage est un contrat solennel par lequel deux personnes de sexe différent s'unissent et se soumettent aux obligations qui résultent de cette union. Le trait caractéristique est la communauté d'existence qui s'établit entre les époux. Une telle union constitue un mariage, lors même qu'elle n'aurait pas été formée dans la vue et avec la possibilité de procréer des enfants, ou qu'elle n'aurait été suivie d'aucune cohabitation. C'est ce qui explique pourquoi la vieillesse la plus avancée ne fait pas obstacle au mariage; ainsi, un vieillard de quatre vingt-dix ans, bien qu'inhabile à la procréation des enfants, peut légitimement se marier. — La loi tolère même les mariages *in extremis*, bien qu'aux approches de la mort l'œuvre de la génération soit impossible. La déclaration de 1639 les avait prohibés. On appréhendait les surprises et machinations qui pouvaient être pratiquées pour arracher à la faiblesse ou à la maladie un consentement auquel la volonté n'aurait eu aucune part. Les rédacteurs du Code, rejetant cette prohibition, ont pensé qu'il ne fallait point enlever à l'homme qui, au dernier moment de sa vie, se repent de la faute qu'il a commise, la faculté de la réparer en légitimant par le mariage la filiation de sa postérité et le dévouement de la femme qui lui est restée fidèle.

Nous avons dit que le mariage est un contrat. Quelques auteurs soutiennent le contraire, parce que, disent-ils, on doit refuser le nom de contrat à une opération qui ne produit aucun de ses effets. C'est là une erreur, car ici l'objet du contrat est l'établissement de la vie commune; une fois établie elle produira ce qu'elle peut produire, il n'est pas nécessaire d'aller plus loin. Le mariage est donc un contrat, mais un contrat solennel. Cette solennité consiste dans la présence des époux devant un officier de l'état-civil avec l'accomplissement de certaines formalités exigées par la loi.

Les règles imposées par la loi civile ne sont pas d'une égale importance. Les unes sont inspirées par des considérations morales et des principes d'ordre public : on comprend que leur violation amène

(1) *Cpr. Revue de législation*, 1852, I, p. 5 et 321; II, p. 5.

l'annulation du mariage. Il en est d'autres qui reposent sur des raisons bien moins graves ; elles font bien obstacle à la célébration du mariage ; mais si, malgré leur existence, on procède à la célébration, la sanction consiste seulement en certaines peines prononcées contre l'officier public ou contre les époux, et le mariage sera maintenu.

Dans le premier cas, nous avons des empêchements dirimants ; dans le second, des empêchements prohibitifs. Il va sans dire que la théorie des nullités ne comprend que la classe des empêchements dirimants et que, par conséquent, ce sont les seuls dont nous ayons à parler dans ce travail. Mais avant d'entrer dans le détail de la matière, il importe de parler d'une distinction dont l'importance se fait sentir à chaque instant : doit-on admettre la distinction entre les mariages *nuls* et les mariages *annulables*, entre les cas de *nullité* et d'*annulabilité*. Cette distinction, que le Code a faite expressément au Titre des contrats, doit-elle être acceptée en notre sujet ?

L'ancien droit, il est vrai, ne semble pas avoir fait cette distinction ; Pothier confond certainement ces deux hypothèses (1) et la plupart des auteurs modernes la rejettent ; mais pourtant elle ne nous en parait pas moins dériver de la nécessité même des choses. — Toute convention, tout acte a ses conditions d'*être*, ses conditions essentielles et organiques, en dehors desquelles il n'existe pas. L'une ou l'autre des conditions essentielles à l'existence du mariage venant à défaillir, le mariage est à considérer comme non avenu, indépendamment de tout jugement qui le déclare tel. La non-existence d'un acte juridique est indépendante de toute déclaration judiciaire. Si une société semblait réunir toutes les conditions nécessaires à l'existence d'un mariage, il faudrait, à la vérité, recourir à l'intervention de la justice pour faire déclarer qu'en réalité cette union ne constitue pas un mariage. Mais on conçoit fort bien l'immense différence qu'il y a entre la demande intentée à cet effet, dans le but unique de faire statuer en fait que le prétendu mariage se trouve réellement dépourvu de telle ou telle condition sans laquelle il ne saurait exister, et une demande en nullité de mariage, qui a tout à la fois pour objet de faire déclarer en fait que le mariage se trouve entaché de tel ou tel vice, de faire juger en droit que ce vice est de nature à entraîner la nullité du mariage, et de faire enfin prononcer cette nullité qui ne peut résulter que de la déclaration du juge.

Si, au contraire, toutes ces conditions concourent, le mariage doit

(1) Pothier, nos 308, 309 et 451.

être considéré comme existant, et ne peut être détruit que par un jugement qui en prononce l'annulation pour l'une des causes déterminées par la loi.

La distinction que nous avons cherché à maintenir entre les conditions essentielles à l'existence d'un acte juridique et les conditions simplement nécessaires à sa validité, présente, non-seulement pour la théorie, mais encore au point de vue pratique, une importance toute particulière dans la matière qui nous occupe, à raison du principe que le juge ne peut, en fait de mariage, admettre que des nullités littérales, et que le droit de proposer une nullité de mariage n'appartient qu'aux personnes auxquelles la loi ouvre une action à cet effet.

Parmi les arguments sur lesquels on appuie cette opinion, le plus solide, le plus inattaquable est sans doute celui qu'on tire des travaux préparatoires : l'intention du législateur y brille dans tout son jour; c'est vraiment l'évidence! (1) Dans la discussion qui s'engagea au conseil d'État, quelques orateurs demandèrent le renvoi de l'art. 146 au chapitre des nullités. « *Non*, dit le premier consul, *ce serait mêler le cas où il n'y a pas de mariage, et les cas où il peut être cassé* (2). » Ailleurs, Bonaparte réclame encore plus énergiquement contre ceux qui veulent confondre, dans une même disposition, les deux cas bien différents, réglés par les articles 146 et 180 : « *Mais vous mêlez*, s'écrie-t-il, *deux hypothèses complétement distinctes : 1° il n'y a pas de mariage à défaut de consentement devant l'officier de l'état civil, et si l'on a écrit que la femme a dit oui quand elle a dit non ; 2° si la femme ayant dit oui, prétend ensuite avoir été forcée, il y a mariage, mais il peut être annulé* (3).

L'opinion du premier consul est bien claire, et ce qui n'est pas moins certain, c'est qu'elle fut adoptée par le Code. On n'en saurait douter si l'on considère que la pensée de Bonaparte fut exprimée dans l'art. 146, qui prit place au chapitre Ier (Il n'y a pas de mariage...), tandis que les vices du consentement étaient relégués au chapitre des nullités, qui seraient plus justement nommées « ANNULABILITÉS. » Les premiers commentateurs du Code paraissent avoir confondu le mariage non-existant et le mariage simplement annulable. Du moins leur théorie est tellement vague, qu'on ne saurait reconnaître s'ils

(1) Locré, t. IV, p. 324 et suiv. 371.
(2) Fenet, t. IX, p. 16.
(3) Fenet, t. IX, p. 99.

ont voulu admettre ou rejeter la distinction que nous venons de faire.

Il est une objection qui nous paraît peu pressante : cette distinction a le tort, dit-on, de faire double emploi avec la distinction entre les nullités absolues et relatives. Nous ne voyons pas qu'il y ait confusion ou double emploi; en veut-on une preuve? Le mariage même entaché d'une nullité absolue, n'en existe pas moins légalement, tant qu'il n'a pas été annulé; et cela est si vrai, que la nullité absolue bien qu'en général, perpétuelle et irréparable, peut néanmoins quelquefois se couvrir (art. 185), ou n'être pas indistinctement proposable par toute personne (art. 186-196).

En résumé donc, il faut distinguer entre les conditions essentielles dont l'absence empêche absolument le mariage de se former, d'exister, et les autres conditions dont l'absence ou l'irrégularité n'empêche pas la formation et l'existence du mariage, lors même qu'elles seraient de nature à en faire prononcer la nullité. Dans le premier cas, le mariage est *nul*, il n'y a pas de mariage; dans le second cas, le mariage existe, il est seulement *annulable*. Et la différence est très-grande! L'acte nul ou inexistant, c'est le néant. L'acte annulable n'est qu'infirme; il est malade, susceptible, à la vérité, de périr, mais susceptible aussi très-souvent d'être guéri et sauvé!

Mais dans quel cas le mariage est-il nul de droit? Ici, la question se complique; on est encore moins d'accord. Nous aimons à suivre ici la doctrine de M. Demolombe, et nous admettons avec lui trois causes de nullités : 1° l'identité de sexe; 2° l'absence complète de consentement, 3° le défaut de célébration devant un magistrat compétent (1).

En dehors de ces trois cas (avant l'abrogation de la loi du 30 mai 1854, il fallait y ajouter la mort civile), nous croyons qu'il n'y a qu'une simple annulabilité.

Nous avons dit qu'il y avait des nullités absolues, et d'autres seulement relatives; les premières, fondées sur des considérations d'ordre public, pouvant être invoquées par toute personne intéressée, non susceptibles de ratification expresse ou tacite; les dernières, au contraire, établies dans l'intérêt de quelques personnes déterminées, ne pouvant être invoquées que par elles et susceptibles d'une ratification expresse ou tacite.

(1) Demolombe, *Traité du Mariage*, t. I, p. 371.

Les différences, on le voit, sont importantes. A quel signe nous sera-t-il donné de reconnaître la nature de chaque cause de nullité? La division est bien simple : il n'y a que deux cas de nullités relatives; en toute autre circonstance la nullité est absolue.

CHAPITRE PREMIER

Des Conditions essentielles à l'existence du Mariage.

Sous l'ancien régime, nous l'avons dit, les institutions civiles et religieuses étaient si étroitement unies, que le mariage était tout à la fois un contrat civil et un contrat religieux, soumis, quant à sa validité, aux conditions prescrites par le droit civil des ordonnances et par le droit canonique.—La révolution de 1789, voulant rendre l'État complétement indépendant de l'Église, établit une séparation complète entre la loi civile et la loi religieuse. De là cette règle nouvelle proclamée par la Constitution de 1791 : *La loi ne considère le mariage que comme un contrat civil.* Le Code est resté fidèle à ce principe (1).

Conditions essentielles a l'existence du mariage. — Ces conditions sont : 1° Différence de sexe; 2° consentement des époux; 3° consentement manifesté devant un officier de l'état civil. L'absence de l'une de ces conditions empêche le mariage de se former.

Conditions requises pour la validité du mariage. — Ces conditions sont : 1° Consentement libre des époux, pas d'erreur dans la personne; 2° consentement des personnes sous la puissance desquelles on est placé quant au mariage; 3° puberté des époux; 4° défaut d'engagement dans un précédent mariage; 5° absence de parenté ou d'alliance au degré prohibé; 6° publicité du mariage et compétence de l'officier de l'état civil.

Lorsque l'une de ces conditions manque, le mariage existe, mais il est seulement annulable.

Conditions exigées pour que le mariage puisse être célébré. — D'une manière préventive seulement *on peut refuser de célébrer le ma-*

(1) Discours de M. Portalis au Conseil d'État.

riage tant que ces conditions ne sont pas remplies ; mais une fois célébré, le mariage ne peut plus être attaqué.

Ces conditions sont : 1° la nécessité pour les enfants, même majeurs, de demander le consentement des parents, alors même qu'il ne doit pas leur être accordé ; 2° il faut qu'il n'existe pas d'opposition au mariage ; 3° que les publications exigées par la loi aient été faites ; 4° que la femme observe les dix mois de viduité qui lui sont imposés avant de convoler à de secondes noces, etc., etc.

A ces trois classes de conditions il faut appliquer la division classique en empêchements *absolus* ou *relatifs, dirimants* ou simplement *prohibitifs*.

Absolus, lorsque la personne qui les subit ne peut contracter mariage avec quelque personne que ce soit, par exemple, le défaut de puberté ; *relatifs*, lorsqu'ils n'empêchent de contracter mariage qu'avec certaines personnes seulement : telles sont la parenté et l'alliance.

Les empêchements sont *dirimants* quand leur inobservation peut faire annuler un mariage déjà contracté. Ces empêchements sont *à fortiori* prohibitifs.

Les empêchements *prohibitifs* sont ceux dont la sanction consiste non plus dans la nullité du mariage, mais dans une condamnation à l'emprisonnement, ou à l'amende contre l'officier civil qui a consenti à le célébrer, et quelquefois aussi contre les parties. Ainsi, l'empêchement qui n'est que prohibitif s'oppose à la célébration du mariage, sans entraîner sa nullité lorsqu'en fait on a passé outre.

SECTION I

Différence de Sexe.

La première condition exigée pour l'existence du mariage est la différence de sexe. Le Code Napoléon ne le mentionne pas expressément, en pensant que ce serait là une sorte de naïveté ; aussi l'article 144 présuppose essentiellement cette condition plutôt encore qu'il ne l'exige... « *L'homme* avant dix-huit ans révolus, la *femme* avant quinze ans révolus ne peuvent contracter mariage. »

Si, par un concours de circonstances extraordinaires, sans doute, mais qui ne sont pourtant pas sans exemple et dans l'ancien droit et dans le nouveau, si, dis-je, l'officier de l'état civil avait célébré l'union de deux personnes du même sexe, il n'y aurait pas mariage, il n'y aurait rien! Mais l'impuissance résultant, soit de la faiblesse des parties sexuelles, soit de la conformation vicieuse ou de la mutilation de ces organes, ne s'oppose pas à l'existence du mariage. Si un accident avait rendu un des époux impropre à la procréation, le mariage pourrait, suivant certaines opinions, être annulé, mais il ne serait jamais inexistant.

SECTION II

Consentement des futurs Époux.

Le mariage étant un contrat, ne peut se former que par le consentement des époux (art. 1108), c'est-à-dire par le concours de leurs volontés. Il ne suffit même pas qu'ils donnent un consentement quelconque; la loi veut que ce consentement soit suffisamment libre et éclairé.

Si donc un acte de célébration constate que deux personnes ont consenti à se prendre pour époux, et que, dans la réalité, l'une d'elles n'a pas consenti au mariage, parce qu'elle a refusé son consentement devant l'officier de l'état civil, ou bien parce qu'elle a été dans l'impossibilité de déclarer sa volonté, tel serait un sourd-muet de naissance qui ne saurait manifester son consentement, ni par écrit ni par signes, les parties dénommées dans l'acte de célébration sont de plein droit à considérer comme n'étant pas mariées. Il est évident qu'il ne saurait, dans ce cas, être question d'une action en nullité, et que l'on doit procéder, par voie d'exception de faux, contre l'acte de célébration. Le faux une fois reconnu, la non-existence du mariage en sera la conséquence nécessaire (1).

Il existait dans le projet du Code une disposition qui déclarait les sourds-muets de naissance incapables de contracter mariage, à moins qu'il ne fût constaté qu'ils étaient capables de manifester leur vo-

(1) Locré, Leg. IV, p. 437 à 439, nos 9 à 11. — Duranton, II. 264.

lonté. Cette disposition fut retranchée comme inutile en présence de l'article 146, et comme établissant en règle générale ce qui ne devrait être qu'une exception, puisque la plupart des sourds-muets savent aujourd'hui manifester leur volonté, grâce à la découverte de ces merveilleux procédés d'éducation qui développent souvent jusqu'au plus haut degré leurs facultés intellectuelles. On convint de la remplacer par une autre disposition qui expliquerait la manière dont les sourds-muets devraient exprimer leur consentement. Mais il n'en a été rien fait; et dès lors on doit admettre, comme suffisante de la part d'un sourd-muet, une manifestation de volonté exprimée par un moyen de communication quelconque (1). Le Code Napoléon ne prononce non plus aucun empêchement spécial contre les aveugles.

Si un individu est en état de démence au moment de la célébration du mariage, sera-ce un cas de nullité ou d'inexistence ? D'après la doctrine, c'était un cas d'inexistence du mariage quand même la personne n'aurait pas encore été interdite. C'est seulement un cas d'annulabilité d'après les premiers commentateurs du Code, et la Cour suprême refuse de reconnaître la non-existence du mariage contracté par l'interdit en état de démence, et dénie, par suite, aux intéressés, le droit d'attaquer un pareil mariage. Cette jurisprudence part du principe incontestable qu'une nullité ne peut être proposée que par les personnes auxquelles la loi donne ce pouvoir. Mais si ce principe était admis au mariage contracté en état de démence par une personne non interdite, il faudrait en conclure que ce mariage ne pourrait être attaqué par personne. Les partisans de cette opinion appliquent, pour se soustraire à cette conclusion, les dispositions de l'art. 180 et enseignent que, d'après cet article, la nullité du mariage contracté en état de démence par une personne non interdite, pourra être proposée, soit par cette personne elle-même, lorsqu'elle aura recouvré l'usage de sa raison, soit par son tuteur, après que son interdiction aura été prononcée (2).

Tel n'est pas notre avis, car c'est évidemment forcer le sens et la lettre de l'art. 180 que l'on étend à une hypothèse dont il ne s'occupe nullement. Aussi, doit-on maintenir parmi les causes d'inexistence de mariage, la démence ou la folie d'une personne, et, par suite,

(1) Marcadé, sur l'article 146, n° 1. — Demolombe, t. III, 24. — Aubry et Rau, t. IV, p 9.

(2) Duranton, II, 264.

accorder l'action à tout le monde. Notre opinion devient irréfragable en présence d'un argument historique très-considérable. Le projet du Code contenait une disposition qui déclarait l'interdit pour cause de démence ou de fureur, incapable de contracter mariage. Cette disposition fut retranchée sur la demande du consul Cambacérès, qui en fit remarquer l'inutilité générale, en présence de l'art. 146, portant qu'il n'y a pas de mariage sans consentement. Il a donc été reconnu au Conseil d'État que l'art. 146 comprenait implicitement le cas où l'un des contractants est, à raison de son état mental, dans l'impossibilité de consentir au mariage. Et comme cette impossibilité est d'ailleurs le résultat d'un fait qui peut exister indépendamment de tout jugement antérieur d'interdiction, notre opinion se trouve justifiée dans toutes ses parties (1).

L'individu interdit pour cause d'imbécillité, de démence et de fureur, peut-il contracter mariage pendant un intervalle lucide? (article 489). Ou, au contraire, l'interdiction forme-t-elle toujours, par elle-même et par elle seule, un empêchement de mariage?

Question pleine d'intérêt, mais aussi de difficultés et de controverses.

En présence des textes de la loi et des discussions qui les ont préparés, en présence des principes généraux du droit et de diverses considérations d'équité, d'humanité, je suis porté à soutenir que le mariage contracté pendant un intervalle lucide, par une personne habituellement atteinte de fureur ou de démence, doit être regardé comme existant, quand même cette personne aurait été antérieurement interdite.

Je me base d'abord sur l'art. 146, d'après lequel s'il n'y a pas de consentement, il n'y a pas de mariage, donc s'il y a consentement, il y a mariage; c'est une question de fait à résoudre. Il faut rechercher si l'époux qui a consenti était ou non dans un intervalle lucide, s'il est démontré que la personne interdite pour cause de folie, a donné son consentement dans un intervalle lucide, le mariage sera valable. La folie ou l'imbécillité ne peuvent pas être une peine. L'individu qui en est atteint, mérite la protection de la loi et non une peine. D'ailleurs, il est des droits personnels et intransmissibles qui ne peuvent être exercés que par la personne intéressée. Si quelqu'un veut se marier il faut nécessairement qu'il agisse lui même, qu'il

(1) M. Valette, sur Proudhon, I, p. 891, note A. — Aubry et Rau, t. IV, p. 10. — Demolombe, III, 242.

donne lui-même son consentement, celui du tuteur ou d'un tiers serait complétement inutile. Si donc on refuse à un interdit de se marier pendant un intervalle lucide, on le rend toujours et quand même incapable des actes que lui seul peut faire.

Les intervalles lucides sont possibles, le Code les reconnait. La preuve en est dans l'art. 1125 qui permet à l'interdit d'attaquer ou de maintenir l'acte qu'il a fait dans un intervalle lucide. — La preuve se trouve encore dans l'art. 39 de la loi du 30 juin 1838 sur les aliénés. Cet article dit que : « les actes faits par une personne placée dans un établissement d'aliénés pendant le temps qu'elle y était retenue, sans que son interdiction ait été prononcée ni provoquée, *pourront* être attaqués pour cause de démence..... » Cet article exige donc positivement qu'on tienne compte des intervalles lucides. On les reconnaîtra par tous les moyens et renseignements bien usités en pareil cas, par la conduite et la manière d'être de la personne elle-même, surtout par le caractère de l'acte qu'elle veut faire, et par toutes les circonstances qui s'y rattachent (1). Marcadé prétend, au contraire, que le mariage contracté par un interdit, quoique dans un intervalle lucide, rentre sous l'application de l'art. 146 et doit être réputé non existant, faute de consentement *civilement* valable. Mais la question de l'existence du consentement, comme simple fait moral, est complétement distincte de la question de capacité légale. Aussi l'art. 1108 sépare-t-il nettement, dans la formation des conventions, la condition du consentement des parties contractantes, et celle de leur capacité (2).

Ceux qui soutiennent contre nous, que l'interdiction forme dans tous les cas, un empêchement de mariage, invoquent l'art. 502, qui déclare nuls de droit *tous actes passés par l'interdit* depuis le jugemént d'interdiction ; ces auteurs donnent évidemment à l'art. 502 un sens illimité, et qui embrasse, sans exception, tous les actes faits par l'interdit. Tel n'est pas, selon nous, le véritable esprit de la loi.

L'art. 502, littéralement même, ne s'applique pas au mariage, parce qu'on n'a jamais dit d'une personne qui se marie, qu'elle passe *un acte*; en second lieu, cet article a en vue la gestion, l'administration du patrimoine, les actes qui peuvent être valablement faits aussi bien par le tuteur que par l'interdit lui-même. Si on fait entrer l'art. 502 dans notre hypothèse, il faut aussi y comprendre toute la théorie de l'interdiction, et dire que l'interdit aura *dix ans*, à compter

(1) Demolombe, *Traité du Mariage*, t. I, p. 169.
(2) Voy. Aubry et Rau, sur Zachariæ, t. IV, p. 11.

de la main-levée de l'interdiction, en vertu de l'art. 1304 pour demander la nullité du mariage par lui contracté même pendant un intervalle lucide (1). Enfin, si l'article 502 s'occupait réellement du cas que nous traitons, il faudrait dire que les actes de l'interdit sont inexistants, ce qui est contraire à l'article 1125.

On invoque encore l'article 174-2° du code civil : « Lorsque l'opposition est fondée sur l'état de démence du futur époux, cette opposition dont le tribunal pourra prononcer la mainlevée pure et simple ne sera jamais reçue qu'à la charge, par l'opposant, de provoquer l'interdiction..... » Donc, si l'interdiction est prononcée, l'opposition triomphera ; donc, l'interdiction est un empêchement au mariage.

L'art. 174-2° n'est pas non plus décisif. Cet article, en effet, déclare que lorsqu'il y a folie, il n'y a pas consentement, et que l'opposition doit poursuivre l'interdiction pour établir la démence ; mais il ne faut pas en conclure que l'interdiction toute seule, abstraction faite de la démence, est un empêchement au mariage. S'il en était ainsi, l'article suivant, l'article 175 n'aurait pas sa raison d'être. Cet article dit formellement : « que dans les deux cas prévus par le précédent article, le tuteur ou curateur ne pourra, pendant la durée de la tutelle ou curatelle, former opposition qu'autant qu'il y aura été autorisé par un conseil de famille qu'il pourra convoquer. » Mais si le mariage de l'interdit était toujours inexistant, comment le tuteur, pour s'y opposer, aurait-il besoin d'être autorisé par un conseil de famille ? Évidemment cela prouve que le mariage de l'interdit peut être valable.

Le Tribunat avait demandé le rétablissement de la disposition qui déclarait l'interdit pour cause de démence, incapable de contracter mariage, en faisant observer que cette disposition était nécessaire, même en présence de l'article 146, pour le cas où l'interdit se trouverait avoir des intervalles lucides. Mais la demande du Tribunat ne fut pas accueillie, et le rejet de sa proposition vient à l'appui de la doctrine que nous soutenons (2).

Et quant à ce que l'on dit des manœuvres auxquelles l'interdit serait livré, il ne faut rien exagérer, ces manœuvres frauduleuses ne seront pas aussi fréquentes qu'on veut bien le dire. Car on fera des publications au domicile de l'interdit et ces publications avertiront sa famille, ou tout au moins quelqu'un des siens. Et puis, quel serait

(1) Duranton, t. II, n° 32.

(2) Locré, Lég. IV, p. 451, n° 2. — Demolombe, III, n° 127, p. 180 et 181.

le but de ces manœuvres ? Serait-ce d'enlever la fortune à l'interdit ? Il faudrait d'abord beaucoup d'habileté, et d'ailleurs l'interdit ne pourrait lui-même consentir ses conventions matrimoniales (art. 450, 509, arg. a fortiori des art. 499 et 513). Enfin, ces conventions, si elles étaient frauduleuses, pourraient être attaquées et déclarées nulles et le mariage rester valable.

En définitive, les seules dispositions qui aient trait au mariage que l'interdit se proposerait de contracter ou que de fait il aurait contracté, sont les articles 146 et 174, et ces deux articles forment la base de notre théorie, qui se résume à dire que l'interdiction judiciaire n'a pas d'influence légale sur le sort du mariage contracté par l'interdit, sauf toutefois la déclaration de non-existence du mariage, pour le cas où il n'aurait pas été célébré dans un intervalle lucide.

SECTION III.

Manifestation du Consentement devant un officier de l'État civil et prononcé de l'union par ce dernier.

Indépendamment des solennités relatives à la manifestation du consentement des contractants, le mariage exige, comme condition essentielle à son existence, que l'union des parties ait été prononcée au nom de la loi par un officier de l'état civil. Telle est, en effet, la solennité constitutive du mariage, et sans laquelle il ne saurait exister, suivant la maxime : *Forma dat esse rei* (1). Le mariage est un acte solennel, il ne reçoit, par conséquent, ni terme, ni condition. On doit considérer comme nulle la condition stipulant la célébration du mariage religieux. Quelques auteurs, pour arriver au même but, ont soutenu que dans le cas où l'époux refusait de célébrer le mariage religieux, il y avait erreur dans la personne, mais cette opinion doit être repoussée; tout au plus peut-on admettre que ce refus constitue une injure grave pour l'autre époux, qui pourra demander la séparation de corps.

Les rédacteurs du Code civil italien se sont moqués du rôle de l'officier de l'état civil. Il aurait fallu faire en matière civile ce que

(1) Arg., art. 75. 76; cbn, 194.

l'on a fait en matière religieuse. Devant l'église ce sont les époux qui se marient eux-mêmes, et le prêtre se borne à bénir le mariage. On aurait dû du moins, de même, borner le rôle de l'officier de l'état civil à la simple reconnaissance que les époux se sont mariés, et qu'ils ont consenti à se prendre pour mari et femme. Cependant, en laissant de côté cette opinion, on comprend que le bien de la société est intéressé au maintien de cette règle qui prescrit l'intervention de l'officier de l'état civil. Le mariage n'existe qu'autant qu'il a été célébré devant un officier de l'état civil. Celui-ci prononce : *Qu'ils sont unis au nom de la loi en légitime mariage.* Les notaires n'ont qualité que pour faire le contrat de mariage, et les ministres du culte n'ont le pouvoir que de consacrer les mariages religieux. Ainsi, l'union célébrée devant un prêtre n'est point un mariage aux yeux de la loi civile.

CHAPITRE II

Conditions de validité du Mariage ou empêchements dirimants.

Après avoir examiné les conditions nécessaires à l'existence du mariage, nous allons passer aux conditions nécessaires à sa validité. Quand un mariage existe il peut être entaché de certains vices. Ces vices peuvent faire annuler le mariage lorsqu'on les fait valoir; ils le laissent au contraire subsister, lorsqu'on garde le silence ou bien lorsqu'on les fait disparaître par une ratification expresse ou tacite résultant du laps de temps.

Les conditions pour la validité du mariage sont au nombre de sept. L'un de ces éléments, quand il vient à manquer, constitue une cause d'annulation.

SECTION I.

Vices du Consentement.

L'art. 180, qui traite des vices ou imperfections du consentement, n'en indique que deux : le défaut de liberté résultant de la violence et *l'erreur dans la personne*. On n'y voit point figurer le dol de l'une des parties, à la différence de ce qui a lieu en matière de conventions ordinaires (V. art. 1109 et 1116). C'est que le dol, en cette matière spéciale, n'est pas une cause de nullité. Le dol en général, c'est-à-dire les manœuvres, les artifices, par lesquels une partie parvient à obtenir le consentement de l'autre, le dol n'altère pas, à beaucoup prés, ce consentement comme la violence, ni surtout comme l'erreur. La vérité est que la partie amenée, même par dol, à vouloir et à consentir, a bien et dûment voulu et consenti. — Aussi, même dans les contrats ordinaires, le dol ne produit pas véritablement une cause de nullité; et la preuve en est que s'il n'a pas été pratiqué par l'une des parties contractantes, le contrat sera valable et maintenu. C'est donc seulement une action en dommages-intérêts qu'il engendre, c'est-à-dire une action en indemnité pécuniaire; cette action produit, il est vrai, la rescision du contrat lorsqu'elle est dirigée contre la partie contractante qui a pratiqué le dol; mais la rescision elle-même n'est alors réellement prononcée qu'à titre de dommages-intérêts, et comme la réparation du préjudice causé par le contrat; point de vue inadmissible en matière de mariage où se trouve en jeu l'intérêt de la famille et de la société tout entière.

Ce qu'on appelle *dol*, d'ailleurs, est si difficile à caractériser, que la loi n'en tient pas compte en cette matière. Loysel a dit : « En mariage trompe qui peut. » Si le dol a produit *l'erreur dans la personne*, il en sera une circonstance aggravante ; mais l'erreur sur les qualités, qui ne dégénère pas en erreur sur la personne, n'est pas une cause de nullité de mariage (1).

Ce système blessera l'équité dans quelques cas particuliers, mais la sécurité des familles l'a rendu nécessaire. Il arrive souvent que les parties, trompées dans les illusions qu'elles s'étaient faites, regrettent leur liberté; or, si le dol eût été une cause d'annulabilité du lien qu'elles ont formé, elles n'eussent point manqué de se dire victimes de quelque surprise ou machination; peu d'entre elles eussent réussi sans doute, mais ces attaques auraient compromis la solidité du mariage et jeté le trouble dans la société.

§ I. VIOLENCE.

Le consentement nécessaire pour la parfaite validité du mariage doit être librement donné; la violence détruit la liberté en inspirant la crainte, et fait donc obstacle à la parfaite validité du mariage. Pour que la violence soit une cause de nullité, il faut qu'elle ait été grave, c'est-à-dire de nature à déterminer le consentement contre la volonté libre. Ce principe doit être appliqué avec prudence, surtout lorsqu'il s'agit des parents. Il faudra distinguer, dans ce cas, la violence véritable qui contraint la liberté, d'avec ces remontrances plus

(1) M. Valette, Explicat., somm. du liv. I du Code Napoléon, p. 106. — Demolombe, *Traité du mariage*, t. I, p. 408.

ou moins vives qui décident l'enfant à consentir, non pas sans liberté, mais malgré lui, malgré ses désirs.

Il est incontestable que celui qui consent par crainte consent néanmoins, puisque entre deux maux qu'il redoute, il choisit le moindre, ce qui suppose un acte réfléchi de sa volonté : *Qui mavult vult*. Le consentement qu'il donne n'est point libre, sans doute ; un vice l'infecte, qui le rend imparfait, mais enfin il existe : *Coacta voluntas, sed voluntas*.

Il est rare, dit Portalis, qu'un mariage soit déterminé par une violence réelle et à force ouverte. Un tel attentat dégénérerait en rapt ou en viol ; il y aurait plus que nullité, il y aurait crime. Communément les faits de crainte qui opèrent le défaut de liberté sont des faits graves, sans doute, et capables d'ébranler une âme forte, mais plus cachés, et combinés avec plus de prudence que ne l'est un acte caractérisé de violence (1).

La violence n'est donc pas absolument destructive du consentement ; le mariage qu'elle détermine n'est point *nul* mais seulement *annulable*.

Il appartient aux tribunaux d'apprécier suivant l'âge, le sexe, la condition des époux, et les autres circonstances de la cause, si le consentement a été ou non librement donné. Les art. 1111-1114 renferment, à cet égard, des dispositions qui me paraissent former le droit commun, et devoir être appliquées dès lors toutes les fois qu'il s'agit de décider une question de ce genre.

Le *rapt* constituait autrefois un empêchement dirimant de mariage entre le ravisseur et la personne ravie (2). Il n'en est plus de même aujourd'hui, puisque le Code n'a pas reproduit les dispositions des lois anciennes à cet égard. Du reste, le rapt ne vicie pas, par lui-même, le consentement que la personne ravie a donné, après avoir recouvré sa pleine liberté. — Le consentement donné par suite de séduction, n'en est pas moins valable, lorsque l'époux dont il émane avait atteint l'âge compétent pour consentir par lui-même au mariage.

(1) Portalis, Discours sur le Code civil.

(2) Pothier, *du Contrat de mariage*, n° 227.

§ II. ERREUR.

Le mariage infecté de l'erreur sur la personne n'est pas valable. Mais quel est le sens de ces expressions : « *Erreur dans la personne?* » Bien des opinions se sont élevées sur ce point, nous les résumerons toutes en trois principales :

Première opinion. — L'art. 180 ne vise et ne règle que l'erreur sur la personne physique. Le mariage qui en est infecté n'est qu'*annulable ;* la personne trompée peut seule en demander la nullité, et pendant un certain temps seulement.

Deuxième opinion. — L'art. 180 prévoit : 1° l'erreur sur la *personne physique ;* 2° l'erreur sur la *personne civile*, c'est-à-dire l'erreur sur les qualités constitutives de la personnalité *au point de vue du mariage.* Dans l'un et l'autre cas, le mariage n'est qu'*annulable.*

Troisième opinion. — L'erreur sur l'individu ou la personne physique et l'erreur sur la personne civile, c'est-à-dire sur les qualités de l'individu, sont distinctes et ne doivent pas être confondues.

La première rentre dans l'application de l'art. 146 ; elle rend le mariage *nul ;* la nullité peut donc en être demandée en tout temps et et par toute personne intéressée, par celle-là même des parties qui a trompé l'autre.

La seconde est régie par les art. 180 et 181 ; elle n'empêche pas le mariage de se former, elle ne fait que le rendre *annulable :* la nullité n'en peut donc être demandée que pendant un certain temps et seulement par l'époux induit en erreur.

La question de savoir dans quel cas l'erreur sur les qualités peut entraîner la nullité du mariage est abandonnée à la sagesse des tribunaux, qui jugent, suivant les circonstances, si elle a essentiellement altéré le consentement de la partie qui l'a subie. C'est une pure question de fait.

Parmi ces trois systèmes, j'aime mieux, pour mon compte, adopter l'opinion de ceux qui disent que l'art. 180 traite tout à la fois de l'erreur sur la personne physique et de l'erreur sur certaines qualités essentielles dites constitutives de la personnalité civile. En effet, si l'art. 180 n'avait trait qu'à l'erreur sur l'*identité physique* de la personne, sa disposition se trouverait à peu près inutile et sans objet, puisqu'elle serait restreinte à une hypothèse si difficilement réalisable. Or, il ne se peut pas que les rédacteurs du Code, esprits si éminemment positifs et pratiques, n'aient visé qu'une pure abstraction !

Aux termes de l'article 181, l'époux induit en erreur a, pour intenter son action en nullité, six mois à compter du jour *de la découverte de son erreur*.

Ce délai fut critiqué au Conseil d'État. A quoi bon, fit-on remarquer, un délai aussi long? L'erreur sur l'*identité physique* de la personne n'est pas de nature à se prolonger après la célébration du mariage; elle sera toujours *immédiatement* découverte. On le maintint cependant. Ce délai, fut-il répondu, est nécessaire; car, comme il s'agit non-seulement de l'erreur sur l'*identité physique*, mais encore de l'erreur sur l'identité *morale* ou *civile* de la personne, l'époux trompé en a besoin pour s'assurer, par des informations et des recherches, s'il a été effectivement induit en erreur (1).

Le tribunal de cassation avait proposé de substituer les mots erreur sur l'*individu* aux mots *erreur dans la personne*. — L'*individu*. c'est l'homme considéré dans l'ordre purement physique ou naturel; la *pessonne*, c'est l'homme considéré au point de vue des qualités qui le *personnalisent* dans l'ordre civil.

Si donc le Code eût accepté la substitution qui lui était proposée, il eût été alors vrai de dire que l'erreur sur l'*individu*, c'est-à-dire sur la *personne physique*, fait seule obstacle au mariage; or, il l'a rejetée! Donc l'erreur sur la personne, c'est-à-dire sur l'individu considéré au point de vue des qualités qui le personnalisent dans l'ordre civil, est une cause de nullité aussi bien que l'erreur sur l'*individu* ou la personne physique.

Ainsi, le consentement peut se trouver vicié par une erreur sur la personne civile, si cette erreur a été la cause déterminante du mariage. Il y a, de la part de l'un des conjoints, erreur sur la personne civile de l'autre, lorsque l'individu auquel il s'est uni, et qui physiquement était bien celui auquel il croyait s'unir, n'était cependant pas, sous le rapport de l'individualité civile, la personne avec laquelle il avait l'intention de contracter mariage. Toutefois, ce principe doit être entendu avec mesure. Il ne faut pas croire, en effet, que *toute erreur de qualité* soit une cause de nullité de mariage. L'erreur dont parle la loi est celle qui porte sur les qualités constitutives de la personnalité civile. Les qualités constitutives de la personne sont, en

(1) Fenet, t. IX, p. 43 et 85.

cette matière, celles qui rendent l'individu propre au mariage, en font une personne *mariable* (1).

L'erreur sur ces sortes de qualités pourra donc être une cause de nullité, s'il est reconnu qu'elle a été déterminante. Toute autre erreur, au contraire, qui ne porterait que sur des qualités qui n'auraient point de rapport avec l'aptitude au mariage, ne sera pas une cause de nullité.

Ainsi, la personne qui, *à son insu*, a épousé un individu atteint d'*impuissance*, peut faire annuler son mariage, car l'individu qu'elle a épousé, manquant de la qualité qui donne l'aptitude au mariage, n'a point la personnalité qu'elle avait cru trouver en lui. Nous appliquons ici, purement et simplement, l'article 180, puisque le Code ne s'est pas spécialement occupé de l'impuissance.

Il faut en dire autant de la personne catholique qui, par erreur, a épousé un *prêtre* ou tel autre individu ayant fait un vœu solennel de continence; ce n'est pas que la prêtrise soit, à nos yeux, un empêchement de mariage; mais telle n'est pas ici la question; il s'agit de savoir si, pour cette femme catholique, l'homme qu'elle a épousé n'est pas destitué de l'aptitude au mariage, et si le consentement qu'elle a donné en vue d'un mariage légitime, n'est pas essentiellement vicié par une erreur, qui en fait pour elle, dans sa conscience et devant sa religion, un adultère intolérable (2)!

Je crois aussi que l'on pourrait, suivant les cas, considérer comme une cause de nullité l'erreur de la femme qui aurait épousé un forçat libéré; car, même au point de vue de l'aptitude au mariage, s'il est vrai que le forçat libéré n'en soit pas privé, du moins est-il certain que les déchéances et les incapacités dont il est atteint ont amoindri et, pour ainsi dire, mutilé sa personnalité civile, et qu'il n'est pas, dès lors, civilement, comme a très-bien dit M. Labbé, un *homme complet*, habile à remplir les divers devoirs qui résultent de l'état de mariage et de la famille (3).

Hors ces cas, il ne faut pas appliquer à l'article 180 les qualités secondaires ou accidentelles susceptibles de plus ou de moins, telles que la fortune, la beauté, l'honnêteté, etc., etc. Il faut toujours remarquer que l'absence des qualités qui sont considérées comme né-

(1) Demante, t. I, n° 262 bis, III.

(2) Demolombe, *Traité du mariage*, t. I, n°s 252 et 253.

(3) M. Labbé, *Journal du Palais*, année 1860, p. 241.

cessaires n'est une cause de nullité qu'autant qu'il y a eu erreur, et que cette erreur a déterminé le consentement.

La nullité résultant de la violence ou de l'erreur ne peut être intentée que par l'époux dont le consentement s'est trouvé entaché de l'un ou l'autre de ces vices. Mais cette action est-elle limitée à la personne?

Dans le droit actuel, les représentants de toute personne et ceux qui ont des droits sur son patrimoine peuvent, en général, exercer toutes les actions de cette personne relatives au patrimoine, mais ils ne peuvent pas exercer celles qui, tout en rejaillissant sur le patrimoine, soulèvent un intérêt personnel. Notre action nécessite une appréciation qui ne peut être faite que par l'époux trompé. Des tiers peuvent avoir été témoins des procédés extérieurs, desquels on se croit autorisé à conclure qu'il y a eu violence ou contrainte; mais ils ne peuvent jamais apprécier l'impression continue ou passagère qui a été ou qui n'a pas été opérée par ces procédés.

Il ne faut pas accorder l'action en nullité aux héritiers, sauf le cas où l'époux violenté ou induit en erreur l'aurait déjà intentée avant sa mort. Du reste, l'époux mineur peut, avec l'assistance de son curateur, exercer, aussi bien que l'époux majeur, l'action en nullité que la loi lui accorde.

Enfin, dans les deux cas de violence et d'erreur, il y a ratification du mariage, et, par suite, « la demande en nullité n'est pas recevable, toutes les fois qu'il y a eu cohabitation continuée pendant six mois, depuis que l'époux a acquis sa pleine liberté ou que l'erreur a été par lui reconnue » (art. 181). Et ceci, évidemment, n'est pas limitatif; car comment exclure la validité d'une ratification expresse et formelle? L'utilité s'en ferait surtout sentir si la cohabitation n'avait pu continuer jusqu'à l'expiration des six mois, à raison de la mort ou de l'absence accidentelle de l'un des époux. Nous croyons, en outre, dit M. Valette, suivant l'opinion générale, qu'à défaut de ratification expresse et de la cohabitation de six mois, l'action en nullité serait éteinte par dix ans, puisque telle est la limitation de durée imposée à l'action en nullité des conventions (art. 1304), et qu'il n'y a aucune bonne raison pour ne pas l'appliquer à l'action dirigée contre le mariage (1).

(1) Valette, sur Proudhon, I, p. 438, note A. — Aubry et Rau, sur Zachariæ, t. IV, p. 63 et 64.

SECTION II

Défaut de Consentement des personnes qui doivent autoriser le Mariage.

Nous sommes ici en présence d'un empêchement dirimant relatif, c'est-à-dire d'un empêchement qui ne donne ouverture à une action qu'au profit de certaines personnes. Si nous remontons à l'origine de ce consentement, nous savons qu'à Rome il avait sa source dans la *patria potestas*, dans l'intérêt du chef de famille, et non dans l'intérêt de l'enfant. Tout, dans cette organisation, était sacrifié à l'égoïsme du chef de famille. Sous le Code civil, la nécessité du consentement des parents a sa source dans l'intérêt des enfants, qui doivent être préservés de toute surprise dans un acte aussi important que le mariage. Cette nécessité est conforme au respect dû au père et à la mère.

La loi, pour le mariage, a étendu les limites ordinaires de la minorité, et a fait une distinction entre les époux. Pour la fille, la majorité du mariage est vingt et un ans; pour les fils, elle est fixée à vingt-cinq ans. « Cette différence, dit Portalis, que l'on a cru devoir mettre, » pour le terme de la majorité, entre les filles et les mâles, n'a pas » besoin d'être expliquée. Tous les législateurs ont établi cette diffé- » rence, parce que les mêmes raisons ont été senties par tous les lé- » gislateurs. La nature se développe plus rapidement dans un sexe » que dans l'autre. Une fille qui languirait péniblement dans une » trop longue attente, perdrait une partie des attraits qui peuvent » favoriser son établissement, et souvent même elle se trouverait » exposée à des dangers qui pourraient compromettre sa vertu; car » une fille ne voit dans le mariage que la conquête de sa liberté. On » ne peut avoir les mêmes craintes pour notre sexe, qui n'est que » trop disposé au célibat, et à qui l'on peut malheureusement adres- » ser le reproche de fuir le mariage comme on fuit la servitude et la » gêne. »

Après l'âge de la majorité, on n'est pas dispensé de l'intervention de l'autorité paternelle; seulement, cette intervention prend le caractère de simple conseil.

Pour savoir de quelles personnes le consentement est requis, il faut distinguer entre les enfants légitimes et les enfants naturels.

1° ENFANTS LÉGITIMES. — Les personnes qui doivent consentir au mariage sont le père et la mère, s'ils sont vivants tous les deux; en cas de dissentiment, le consentement du père suffit. Si donc le père refuse de consentir et que la mère autorise, le mariage n'est pas possible; si, au contraire, le père donne et la mère refuse son consentement, le mariage pourra avoir lieu. Mais une chose à remarquer, c'est que le consentement du père ne suffit qu'en cas de dissentiment; ce qui prouve que la mère doit être au moins consultée : il ne peut pas y avoir dissentiment là où il n'y a qu'une seule opinion émise. Il y a controverse sur les droits que peut avoir la mère : quelques jurisconsultes soutiennent que la mère n'a que le droit de faire connaître officieusement à l'officier de l'état civil qu'elle n'a pas été consultée; d'après d'autres, la mère peut faire opposition au mariage, nonobstant l'article 193 du Code civil. Cette opposition tombera devant la certitude que la mère a été consultée.

Le consentement du père est donc requis, en général, excepté quand il n'existe plus, ou qu'il est dans l'impossibilité de manifester sa volonté.

Cette impossibilité peut résulter du décès (art. 149). La preuve de la mort peut, en pareil cas, se faire par l'attestation du survivant, sans qu'il soit nécessaire de produire un acte de décès, ou un acte de notoriété rédigé dans la forme indiquée par l'article 71 (1). Cette impossibilité de manifester sa volonté peut résulter encore de l'absence, de l'interdiction légale, de l'interdiction judiciaire, quand on a été placé, sans être interdit, dans une maison d'aliénés. Hors ces cas, il faudra un jugement pour que l'on puisse se passer du consentement des père et mère.

Si le père et la mère sont morts, on consulte les aïeuls et aïeules. Le Code, lorsqu'il parle d'aïeuls et aïeules, ne veut pas désigner seulement les ascendants des deux degrés, grand-père et grand-mère paternels et maternels, mais encore bisaïeuls et bisaïeules. Ce qui confirme cette manière de voir, ce sont les articles 173 et 174. Ce dernier article permet à tout ascendant de faire opposition; donc, le consentement de tous les ascendants doit être requis à défaut les

(1) Aubry et Rau, t. 4, p. 65.

uns des autres (1). S'il n'y a d'ascendants que dans une ligne, c'est à eux qu'il faut s'adresser, et toujours à ceux du degré le plus proche. S'il y a dissentiment entre l'aïeul et l'aïeule d'une même ligne, le consentement de l'aïeul l'emportera. Si dans la ligne que nous supposons unique, nous trouvons deux bisaïeuls qui ne soient pas conjoints, quelques jurisconsultes pensent que le partage emportera consentement. D'autres auteurs sont d'avis que le consentement du bisaïeul sera préféré. Il vaut mieux, je crois, s'en tenir à la première opinion, car la loi n'a prévu que le cas où les deux parents sont conjoints. Ne peut-on pas soutenir que la loi n'a entendu obliger à demander le consentement aux parents des deux lignes, que lorsque les ascendants de ces deux lignes sont à des degrés égaux? On n'est pas d'accord sur ce point. Je partage l'opinion de ceux qui enseignent qu'il suffit de consulter le degré le plus rapproché; en effet, le consentement des bisaïeuls ne doit être requis qu'à défaut d'aïeuls dans les deux lignes, et ces derniers eux-mêmes ne sont appelés à consentir au mariage qu'à défaut du père et de la mère. Tandis que dans le système de ceux qui laissent les deux lignes sur le pied d'égalité, il faudrait admettre, pour être conséquent, qu'à défaut du père, le consentement de la mère ne suffit pas, et que les aïeuls de la ligne paternelle doivent aussi être consultés: Or, cette conséquence est formellement rejetée par les articles 149 et 150.

Donc, voici la règle que l'on peut établir: 1° père et mère; 2° à défaut de l'un, le survivant; 3° à son défaut, les ascendants des deux lignes, s'ils sont du même degré; 4° en cas d'inégalité dans la ligne, le consentement de l'ascendant le plus proche doit suffire.

Que fera l'enfant s'il n'a plus d'ascendants? S'il est majeur de vingt et un ans, il peut se marier sans consentement, car le motif de respect, sur lequel est fondé ce consentement, n'existe plus. Cet enfant, obligé de pourvoir seul à l'administration de ses biens, se trouve dans une position qui développera son intelligence et sa conduite. Et puis, le consentement que l'on pourrait l'obliger à obtenir n'aurait pas à ses yeux la même importance que ceux des ascendants; mieux vaut donc laisser l'enfant libre de son sort. S'il est mineur de vingt et un an, il doit obtenir l'autorisation du conseil de famille qui n'a pas besoin de motiver son consentement ni son refus.

Le consentement des ascendants doit être spécial, une autorisation générale ne servirait à rien. On regarde cette autorisation générale

(1) Voy. les art. 402 et 403, pour la dévolution de la tutelle.

comme une abdication de la puissance paternelle. Il doit encore être formel. Un arrêt de la Cour de Toulouse, 29 juillet 1828, a décidé que l'assistance des père et mère à l'acte contenant les conventions civiles du mariage de leur enfant et la circonstance que dans cet acte ils ont constitué une dot, ne peuvent être considérées comme un consentement suffisant pour procéder à la célébration du mariage.

Les ascendants ne donnent pas un consentement irrévocable; ils peuvent le retirer jusqu'au dernier moment, c'est pourquoi, si l'ascendant qui a consenti, meurt avant le mariage, il faut obtenir d'autres autorisations. La décision des ascendants, du conseil de famille, est exécutoire par elle-même, indépendamment de toute homologation judiciare, et d'ailleurs n'est pas susceptible d'être réformée, quant au fond, par les tribunaux.

La nullité résultant de l'absence ou de l'invalidité du consentement des ascendants, ou du conseil de famille, sous l'autorité desquels les époux se trouvaient placés, quant au mariage, peut être invoquée, soit par ceux dont le consentement était requis, soit par celui des deux époux qui avait besoin de ce consentement (art. 182). La raison en est que la loi regarde, en pareil cas, comme entaché de séduction, le consentement de l'époux qui n'avait point encore atteint l'âge compétent pour consentir par lui-même au mariage.

L'action en nullité, comme le droit de donner ou de refuser le consentement, celui de former opposition, se transmet d'un ascendant à l'autre, et de ceux-ci au conseil de famille, bien entendu tant que ce conseil a une existence légale. Cette action ne peut être proposée par d'autres personnes que celles indiquées par la loi. Parfois l'exercice de la puissance paternelle sera repris par celui qui avait momentanément cessé d'en être investi, à cause de son état d'absence, d'interdiction, etc. (1).

L'action en nullité dont il s'agit est exclusivement attachée à la personne de ceux auxquels elle est accordée. Elle ne peut être exercée par leurs créanciers; elle ne passe point aux héritiers. Les héritiers des ascendants ne pourraient pas même continuer l'action en nullité qui aurait été introduite par leurs auteurs. Mais il en est autrement des héritiers de l'époux qui serait décédé après avoir intenté l'action en nullité que la loi lui accordait. Les ascendants d'un degré plus éloigné ne succèdent pas à celle qui compétait aux ascendants d'un degré plus proche.

(1) Demolombe, t. III, nos 273 et 280.

L'article 183 déclare que l'action en nullité ne peut plus être intentée soit par les époux, soit par les parents dont le consentement était requis, lorsque le mariage a été approuvé expressément ou tacitement par ces derniers, ou qu'il s'est écoulé une année sans réclamation de leur part, depuis qu'ils ont eu connaissance du mariage, ce qui est regardé comme un abandon tacite de leur action (Comp., art. 1115). L'article 183 admet encore cette déchéance contre l'époux lui-même, lorsqu'une année s'est écoulée depuis que l'époux a pu valablement ratifier l'acte annulable, c'est-à-dire depuis qu'il a atteint l'âge compétent, vingt-cinq ou vingt et un ans, selon les cas, pour consentir par lui-même au mariage.

Cette matière, quand on l'approfondit, est, comme tant d'autres, féconde en difficultés presque inextricables, qui exigeraient de longs développements que la limite de mon travail ne comporte pas.

2° Enfants naturels. — Les articles 148 et 149, relatifs au consentement, sont applicables aux enfants naturels. Les enfants naturels devront donc s'adresser à leurs père et mère, et, en cas de dissentiment, le consentement du père suffira. S'il n'a été reconnu que par l'un des deux, on ne pourra s'adresser qu'à lui. Ici le consentement des ascendants n'est pas requis parce qu'il serait toujours empreint de ressentiment. Ce motif de ressentiment ne se trouve pas chez le père naturel envers le petit-fils légitime, aussi ce dernier sera-t-il obligé de demander le consentement des ascendants naturels de son père. Si l'enfant naturel, mineur de vingt et un ans, n'a pas été reconnu, ou bien, si après l'avoir été, le père et la mère sont morts ou sont dans l'impossibilité de manifester leur volonté, le consentement dans ce cas est donné par un tuteur *ad hoc* (art. 158) nommé par le conseil de famille qui sera composé de parents ou d'amis; s'il était impossible de composer ce conseil, il faudrait s'adresser au tribunal pour la nomination de ce tuteur.

Sanction des principes ci-dessus. — L'officier de l'état-civil est frappé d'une peine lorsqu'il ne s'est point assuré de l'existence du consentement; cette peine est de 16 à 300 francs d'amende et d'un emprisonnement de six mois à un an (art. 193, C. pénal). Le Code civil va plus loin, il déclare coupable non-seulement l'officier qui a célébré le mariage sans s'être assuré de l'existence du consentement, mais encore celui qui, s'en étant assuré, n'en a pas fait mention dans l'acte de célébration. Cette omission le rend punissable d'une amende qui peut être moindre de 16 francs, car le minimum n'en est point fixé, mais qui ne peut pas dépasser 300 francs; et, d'un autre côté, d'un emprisonnement qui ne peut pas être moindre de six mois, mais dont le maximum n'est pas fixé (art. 156).

Quelques auteurs pensent qu'en punissant l'officier qui ne s'est pas assuré du consentement nécessaire à la validité du mariage, l'article 193 du Code pénal a tacitement abrogé la peine que notre article 156 prononce contre celui qui n'a pas mentionné dans l'acte de célébration les consentements qui ont été donnés; mais cette abrogation est formellement démentie par l'article 195 du même code, disant : que la peine établie par l'article 193 sera appliquée sans préjudice des autres dispositions pénales du titre V, du livre Ier du Code civil.

SECTION III

Puberté des Époux.

Pour que le mariage soit valable, il faut que les époux soient pubères; c'est-à-dire que la femme soit âgée de quinze ans révolus et que l'homme ait dix-huit ans accomplis. Cette disposition repose sur plusieurs motifs. Le premier, c'est que la société est intéressée à la perfectibilité physique de l'homme; les mariages précoces sont funestes aux conjoints et en particulier à la femme; ils donnent naissance à des enfants peu vigoureux. Un autre motif sérieux, c'est que le mariage est un contrat qui ne peut se former que par le consentement des parties (art. 1108), et qu'il faut, dès lors, que les futurs époux puissent consentir, sinon avec une maturité parfaite de jugement, du moins sans trop d'inexpérience et de légèreté. Le mariage engage l'avenir tout entier, il est nécessaire que les futurs époux soient capables de connaître et d'apprécier l'étendue de l'engagement qu'ils vont contracter; or, avant l'âge fixé par la loi, l'homme est trop inexpérimenté pour se faire une juste idée du mariage. Enfin, le mariage crée une famille nouvelle et, sous beaucoup de rapports, indépenpendante (art. 476) : les époux ont un patrimoine à gérer, une famille à gouverner, il importe donc qu'ils soient capables eux-mêmes de devenir chefs de maison. Cette règle de l'article 144 n'est pas absolue; car, aux termes de l'article 145, il est loisible au chef de l'État d'accorder des dispenses pour des motifs graves; c'est à lui, d'ailleurs, qu'appartient le droit d'apprécier la gravité des motifs invoqués par les parties.

Si l'art. 144 a été violé, le mariage est annulable. Cette nullité résultant de l'impuberté est absolue, mais temporaire.

Elle est absolue, car elle peut être intentée par toute personne intéressée. Par les époux d'abord, par l'un et l'autre, même par celui qui était pubère au moment du mariage; par les ascendants, même du vivant des époux; par les collatéraux, mais dans le cas seulement où ils ont un intérêt pécuniaire né et actuel; par le ministère public enfin : l'art. 190 lui en fait un devoir.

Cette nullité, résultant de l'impuberté, ne peut être intentée par le père, la mère et les ascendants qui ont consenti au mariage. Il ne faut pas qu'après s'être joués des lois, ils puissent se jouer de la foi du mariage.

En second lieu cette nullité est *temporaire*. La nullité fondée sur le défaut d'âge est couverte *ergà omnes* lorsque les époux ont laissé passer six mois depuis leur puberté. On ne s'explique pas, tout d'abord, une semblable disposition, car enfin les époux n'étant plus impubères, l'intérêt n'est plus engagé. Cela est vrai, quand on ne considère que certains aspects qui résultent du défaut de puberté; mais quand on réfléchit que la loi ne permet de demander la nullité que parce que les époux sont censés n'avoir pas consenti librement, on comprend que les empêchements matériels du défaut de puberté ont disparu, mais que le consentement n'a pas été probablement libre, et c'est pour cela que la loi laisse aux époux, après la puberté, un certain temps pour se reconnaître.

La nullité fondée sur le défaut d'âge est couverte encore lorsque la femme impubère a conçu avant l'échéance de six mois. Sa grossesse fait tomber la présomption légale de son impuberté. Mais si la femme était pubère et que son mari fut impubère, sa grossesse n'effacerait point, dans ce cas, la nullité du mariage. On a dû craindre de lui donner le moyen de couvrir, par un adultère, le mariage qu'elle a contracté en violation de la loi.

SECTION IV.

Existence d'un premier Mariage.

On ne peut contracter un second mariage, d'après l'art. 147 du Code civil, avant la dissolution du premier. Cette dissolution ne peut avoir lieu que par la mort naturelle de l'un des époux, et rien que par cette cause. De ce principe, nous pouvons tirer les conséquences suivantes :

1° La cause de nullité du second mariage étant l'existence du premier, le second sera valable si le premier est non pas dissous, mais annulé; car alors il n'y aura pas eu réellement *de premier* mariage (art. 189). Toutefois, si un premier mariage ne constitue un empêchement dirimant que lorsqu'il est valable, il constitue, dans tous les cas, un empêchement prohibitif, lors même qu'il serait annulable, tant qu'il n'a pas été effectivement annulé.

2° Réciproquement, un premier mariage valable forme toujours un empêchement dirimant à un autre mariage, s'il n'a pas été régulièrement dissous; c'est-à-dire si la dissolution n'a pas été légalement prononcée et légalement prouvée.

L'époux, au préjudice duquel a été contracté un second mariage, peut en demander la nullité du vivant même de l'époux engagé avec lui (art. 188). Si les nouveaux époux opposent la nullité du premier mariage, la validité ou la nullité de ce mariage doit être jugée préalablement (art. 189).

Cette nullité est encore absolue, toute personne peut la demander. D'abord l'époux, dont le conjoint a contracté un second mariage, a intérêt à demander cette nullité immédiatement, car son titre d'époux, toujours subsistant, est méconnu et compromis par le fait seul du mariage contracté à son préjudice.

Les ascendants peuvent encore demander la nullité du mariage, alors même qu'ils ont donné le consentement au second mariage. La bigamie, l'inceste et la clandestinité troublent tellement l'ordre public, que la loi a dû, afin d'atteindre plus sûrement son but, accorder, même à ceux qui ont favorisé le scandale, le droit d'en demander la cessation.

On n'est pas d'accord sur le point de savoir si ce droit appartient indistinctement à tous les ascendants ou seulement graduellement, c'est-à dire aux uns à défaut des autres. D'après certains jurisconsultes ce droit est général, il appartient sans distinction à tous les ascendants, aux plus éloignés comme aux plus proches; l'intérêt qui les guide, disent-ils, est un intérêt purement moral; il s'agit, en effet, du maintien des bonnes mœurs et du bon ordre dans les familles; or, cet intérêt existe pour tout ascendant quel qu'il soit (1). Suivant l'opinion commune, au contraire, ce droit ne leur est accordé que graduellement, aux uns à défaut des autres, et dans l'ordre suivant lequel la loi les appelle à consentir à un mariage ou à y former opposition. L'action conférée aux ascendants a pour but de sauvegarder l'honneur de la famille; or, ce droit ne peut pas appartenir indistinctement à tous les ascendants : il appartient de préférence aux ascendants les plus proches. Ce n'est qu'à leur défaut qu'il passe aux ascendants les plus éloignés.

Les collatéraux et les enfants nés d'un autre mariage pourront demander la nullité, mais seulement lorsqu'ils auront un intérêt né et actuel. En principe, ces personnes ne pourront pas agir du vivant des époux, parce que, ordinairement, leur intérêt n'existe qu'à leur décès ; mais le contraire peut arriver, car la validité du mariage pouvant intéresser d'autres successions que celles des époux, il se peut que les collatéraux ou les enfants nés d'un précédent mariage aient un intérêt, né et actuel, à agir dès à présent. Par exemple, pour écarter les enfants qui en seraient issus d'une succession à laquelle ils se trouveraient appelés de leur chef, à cause de l'indignité ou de la renonciation de leurs parents. Dans ce cas, ils pourront demander la nullité du mariage.

Enfin le ministère public est intéressé à agir dans la circonstance actuelle. Comme représentant la société, non-seulement il a le droit, mais encore il a le devoir de faire cesser, dès à présent, le trouble et le scandale qu'engendrent les mariages illégitimes. Il ne doit agir que du vivant des époux, car, en dissolvant le mariage, la mort de l'un des époux fait cesser le scandale qu'il causait. La société dès lors n'est plus intéressée (2).

(1) Voy. Aubry et Rau, sur Zachariæ. — Marcadé, sur l'article 184.

(2) Toullier, t. I, 633. — Duranton, t. II, 317. — Demolombe, t. III, 303.

SECTION V.

Parenté ou alliance au degré prohibé.

Pour que le mariage soit valable, les époux ne doivent pas être parents ou alliés au degré prohibé. (Art. 161, 162 et 163.)

La parenté, c'est le lien du sang existant entre deux personnes qui descendent l'une de l'autre, ou qui se rattachent à un auteur commun. Elle est légitime ou naturelle, suivant qu'elle résulte ou non de légitimes mariages.

L'alliance est le lien civil que le mariage fait naître entre chacun des époux et les parents de l'autre. Ainsi, le mari est l'allié de chacun des parents de sa femme, et réciproquement.

La ligne est une série de parenté; elle est directe quand on envisage les parents comme descendants l'un de l'autre, collatérale quand on envisage les parents comme descendants d'un auteur commun. Le degré est synonyme de génération. Entre deux personnes, il y a autant de degrés que de générations. Deux cousins germains sont au quatrième degré. On compte les générations en ligne collatérale en remontant à l'auteur commun, et en descendant à l'autre ligne.

Après cet exposé général, voyons l'influence de la parenté pour le mariage. Nous parlerons d'abord de la parenté légitime, puis de la parenté naturelle.

I. Parenté légitime. — De tout temps on a défendu le mariage entre les parents en ligne directe, entre les personnes descendant l'une de l'autre; c'est un sentiment plus puissant que toutes les lois. Les causes de ces prohibitions sont si fortes et si naturelles, qu'elles ont agi presque par toute la terre, indépendamment de toute communication. On a fait l'application de cette défense en ligne collatérale, mais non pas à l'infini comme dans la ligne directe. La loi a fait, ici, une réglementation que nous trouvons dans les articles 161, 162.

Ainsi, on ne peut pas épouser son frère ou sa sœur, d'abord pour des raisons physiologiques, pour ne pas perpétuer les vices héréditaires. De telles unions seraient *abominables*, dit Pothier (nº 132) et Portalis (exposé des motifs) s'écrie : « L'horreur de l'inceste du frère et de la sœur et des alliés au même degré, dérive du principe de l'honnêteté publique. La famille est le sanctuaire des mœurs; c'est là où l'on doit éviter avec tant de soin ce qui peut les corrompre. Le mariage n'est sans doute pas une corruption; mais l'espérance du mariage entre des êtres qui vivent sous le même toit, et qui sont déjà invités par tant de motifs à se rapprocher et à s'unir, pourrait allumer des désirs criminels et entraîner des désordres qui souilleraient la maison paternelle, en banniraient l'innocence et poursuivraient ainsi la vertu jusque dans son dernier asile (1). »

Le mariage est prohibé entre l'oncle et la nièce, la tante et le neveu. Le mariage n'est pas permis entre eux, parce que l'oncle et la tante, dans leurs rapports avec leurs nièces et neveux tiennent souvent la place du père et de la mère : *quia sunt loco parentum.* La possibilité du mariage eût d'ailleurs suscité des séductions auxquelles il eût été trop difficile de résister. L'article 164 autorise cependant le chef de l'État, sur le rapport du ministre de la Justice, à lever, pour des causes graves, les obstacles à ce mariage.

Le mariage est défendu aussi entre le beau-frère et la belle-sœur. La loi du 16 avril 1832 permet encore ici au chef de l'État de lever les obstacles pour les mêmes motifs. La loi ne parle pas d'autres empêchements; d'où il suit que le mariage est permis entre cousins germains.

II. Parenté naturelle. — La parenté naturelle est un obstacle en ligne directe *in infinitum.* En ligne collatérale, le mariage n'est prohibé qu'entre frères et sœurs naturels; donc pour tous les autres cas où la loi garde le silence, le mariage est permis.

La parenté naturelle ne fait-elle obstacle au mariage qu'au cas où elle est *légalement établie* par une reconnaissance authentique et volontaire ou par un jugement, conformément aux articles 334 et 341 ?

Sur ce point les esprits ne sont pas d'accord. Il y a des auteurs qui vont jusqu'à dire que la parenté naturelle fait obstacle au mariage quoiqu'elle ne soit pas légalement démontrée; car, disent-ils, les articles 161 et 162 prohibent le mariage non pas seulement entre les

(1) Voy. aussi Montesquieu, *de l'Esprit des Lois*, liv. XXVI, chap. xiv.

parents légalement reconnus, mais ce qui est plus général, entre les parents naturels.

M. Valette soutient au contraire que la parenté naturelle qui n'est point légalement établie ne fait pas obstacle au mariage. — Lorsque la loi a organisé un mode spécial de constater un fait, ce fait, quoique existant réellement, est légalement réputé inexistant, tant qu'on ne le prouve pas au moyen de la preuve qui lui est propre. Or, la loi, dans un intérêt d'ordre public, afin de prévenir des procès scandaleux et de garantir l'honneur des familles contre des inquisitions flétrissantes, a subordonné la preuve de la parenté naturelle à des conditions spéciales et fort sévères. En dehors de ces conditions, la parenté naturelle ne pouvant pas être établie, n'existe point aux yeux de la loi ; dès lors, comment pourrait-elle faire obstacle au mariage ? La recherche de la paternité naturelle est d'ailleurs formellement défendue par l'article 340 ; or cette prohibition n'admet point de distinction ; quelle que soit la nature de l'intérêt engagé, la recherche de la paternité n'est pas admise ; l'admettre en ce qui touche les empêchements au mariage, ce ne serait plus interpréter la loi, ce serait la faire ! La loi existe, on peut la critiquer, en solliciter l'abrogation ; mais, tant qu'elle existe, elle doit être respectée (1).

III. Alliance. — Elle produit les mêmes causes d'annulation que la parenté. Donc le mariage est prohibé en ligne directe à l'infini entre les alliés à titres d'ascendants et de descendants légitimes ou naturels. Je ne puis donc épouser ni la mère, ni la grand'mère légitime ou naturelle de ma femme, ni la fille légitime ou naturelle qu'elle a eue d'un premier mari.

Dans la ligne collatérale, l'alliance ne fait obstacle au mariage qu'entre les alliés à titre de frères et sœurs légitimes ou naturels. Le mariage est donc permis entre les alliés à titre d'oncle ou de nièce, de tante ou de neveu. Le mariage est défendu entre beaux-frères et belles-sœurs, sauf dispenses (loi du 16 avril 1832).

Il s'agit de savoir à présent si le mariage annulé produit la parenté ou l'alliance.

Les auteurs ne sont pas d'accord sur cette question. MM. Duranton et Demolombe proposent de distinguer suivant le cas où le mariage produit des effets civils et le cas où il n'en produit pas (art. 201, 202). J'aime mieux croire avec MM. Aubry et Rau que l'annulation d'un

(1) Comp. Duranton, t. II. n° 160. — Valette, sur Proudhon, t. II, p. 78.

mariage ne détruit pas l'affinité naturelle qu'a produite le commerce des deux époux ; que cette affinité suffit pour créer un empêchement de mariage. La pensée de la loi n'a pas été de faire produire des effets civils contre les époux, mais bien à leur profit. Mieux vaut donc appliquer les articles 162, 163, 164 du code civil.

La Cour de Paris a jugé dans ce sens, lorsque dans un de ses arrêts (1) elle a déclaré que l'empêchement au mariage entre deux personnes, résultant de l'alliance même naturelle qui existe entre elles, n'est point détruit par la dissolution du mariage qui a produit cette alliance, alors même qu'il n'existe pas d'enfants de ce mariage. Spécialement un veuf ne peut épouser la fille naturelle de son épouse défunte.

Nous trouvons encore ici une nullité absolue. Toutes les personnes citées dans la section précédente pourront aussi, dans ce cas, demander la nullité de mariage pour cause de parenté au degré prohibé.

SECTION VI.

Du défaut de Publicité et de l'incompétence de l'Officier public.

Les changements notables qu'apporte le mariage dans la condition des époux ; la nécessité de rendre le mariage public, afin de permettre à ceux qui connaissent des empêchements d'en donner avis à l'officier de l'état civil ; l'utilité d'avoir un moyen pratique de distinguer le concubinat du mariage : telles sont les principales raisons sur lesquelles est fondée cette exigence de la loi qu'on appelle la publicité.

Voyons quelles sont les principales formalités prescrites à cet égard par le code Napoléon.

Ce sont d'abord les publications qui doivent précéder le mariage. Elles doivent être au nombre de deux (art. 63) et faites chacune « un jour de dimanche à huit jours d'intervalle, devant la porte de la maison commune. »

Elles devront (art. 64) rester affichées pendant les huit jours d'in-

(1) Paris, 18 mars 1850, S. V. 50, 2, 593.

tervalle, et le mariage ne pourra être célébré avant le troisième jour depuis, et non compris celui de la publication. Ces publications (art. 166) seront faites à la municipalité du lieu où chacune des parties aura son domicile, disposition qui est complétée par les deux articles suivants, qui exigent une publication distincte au dernier domicile, si le domicile actuel n'est établi que par six mois de résidence, et même une autre publication au domicile des ascendants, lorsque les futurs époux ne sont pas majeurs relativement au mariage. Nous arrivons à la célébration, au sujet de laquelle la loi établit diverses exigences : 1° elle doit se faire dans la maison commune du lieu où l'un des deux époux a son domicile (art. 74) ; 2° elle doit être publique et émaner d'un officier compétent, c'est-à-dire des maires ou adjoints (art. 74 et 165) et à leur défaut, du conseiller municipal inscrit le premier dans l'ordre du tableau (1) ; 3° en présence de quatre témoins ayant les qualités requises par la loi ; 4° l'officier public, après avoir constaté le consentement réciproque des parties, « prononcera, au nom de la loi, qu'elles sont unies par le mariage, et en dressera acte sur-le-champ » (art. 75).

Quoique, dans ces différents articles, la loi emploie des formules impératives, il nous semble certain que toutes ces formalités ne sont pas exigées à peine de nullité. Cependant il y a des formalités dont l'accomplissement est indispensable à l'existence même du mariage. Ainsi la manifestation solennelle du consentement devant un officier de l'état civil, et le prononcé de l'union des deux époux par cet officier (2). Mais les autres solennités qui doivent précéder ou accompagner la célébration du mariage ne sont pas essentielles à l'existence de cet acte juridique. Ainsi, la clandestinité de l'union et l'incompétence de l'officier civil qui y a procédé ne s'opposent point à l'existence du mariage, et peuvent tout au plus donner lieu à une demande en nullité.

Aux termes de l'article 191, le mariage peut être argué de nullité, soit pour n'avoir pas été contracté publiquement, soit pour n'avoir pas été célébré devant l'officier public compétent.

1° La publicité du mariage est un fait complexe, auquel concourent plusieurs éléments, savoir : les publications, la célébration dans la maison commune, enfin l'admission du public. Mais l'inobservation

(1) Loi du 21 mars 1831.

(2) Telle est, en effet, la solennité constitutive du mariage et sans laquelle il ne saurait exister suivant la maxime : *forma dat esse rei.*

de telle ou telle de ces formalités n'entraîne pas nécessairement un défaut de publicité, et par suite la nullité du mariage (1).

Ainsi, d'un côté, l'absence de publications ne suffit jamais à elle seule pour entacher de clandestinité un mariage, qui d'ailleurs aurait été célébré publiquement. En effet, les publications ne faisant pas partie intégrante de la célébration, on ne peut appliquer à l'inobservation de cette formalité les dispositions des articles 165 et 191 (2).

D'un autre côté, la nullité du mariage ne résulte pas nécessairement du fait isolé de la célébration hors de la maison commune, ni de la circonstance unique que le public n'aurait pas été admis à cette célébration, ni de la seule absence du nombre de témoins exigé par la loi. Le législateur a sagement abandonné au pouvoir discrétionnaire des tribunaux le soin d'apprécier si le mariage a reçu ou non une publicité suffisante pour remplir le vœu de la loi. Sous ce rapport, il importe essentiellement de distinguer l'omission des publications et l'inobservation de l'une ou l'autre des formalités intégrantes de la célébration. Voilà pour la publicité antérieure ou concomitante au mariage. Quant à la publicité postérieure, le Code, moins rigoureux que l'ancien droit, ne l'exige pas. Les mariages que l'ordonnance de 1639 privait des effets civils sont aujurd'hui civilement efficaces.

2° L'officier de l'état-civil est incompétent sous un double rapport : 1° lorsqu'il procède à la célébration de mariage de deux individus dont aucun n'a dans la commune où cet officier exerce ses fonctions, ni son domicile général, ni le domicile spécial indiqué en l'article 74; 2° lorsqu'il célèbre, hors du territoire de sa commune, un mariage auquel il avait, sous le rapport des personnes, le droit de procéder. Nous croyons que l'article 191 s'applique aussi bien à l'incompétence territoriale qu'à l'incompétence personnelle, sauf au juge à faire usage, dans l'un comme dans l'autre cas, du pouvoir discrétionnaire que lui accorde l'article 193.

Si un officier de l'état-civil célébrait, hors de sa commune, un mariage auquel il n'avait pas, sous le rapport des personnes, le droit de procéder, il y aurait nécessairement nullité.

L'article 191, d'après l'esprit qui a présidé à sa rédaction (3), dé-

(1) Cfr., 193 et 165. — Cela a été d'ailleurs proclamé à plusieurs reprises dans les discussions du Conseil d'État, notamment par Tronchet et le premier Consul, dans la séance du 26 fructidor an IX.

(2) Voy. Locré, Lég., t. IV, p. 409, 419 et 457.

(3) Locré, Leg., t. IV, p. 326 et 327.

termine les seuls cas dans lesquels le mariage peut être attaqué pour vices de forme. On ne pourrait donc demander l'annulation du mariage, ni pour cause d'omission de la lecture des pièces indiquées en l'article 75, et du chapitre VI du titre du mariage, ni par le motif que l'un des époux aurait, après son concours à l'accomplissement des conditions et formalités prescrites par l'article 75, refusé de signer l'acte de célébration.

Nous n'avons pas ici à entrer dans l'examen des nombreuses questions qui se rattachent à la *preuve du mariage*.

L'observation des solennités requises pour l'existence du mariage doit être constatée au moyen d'un acte instrumentaire de célébration inscrit sur les registres de l'état civil. A défaut d'un pareil acte, la loi présume qu'il n'y a pas mariage. Rien ne peut, en général, remplacer la preuve exigée par l'article 194. On a prétendu qu'un acte de célébration inscrit seulement sur une feuille volante serait suffisant : cette solution nous paraît trop directement contraire au texte de la loi pour être admise; nous ne verrions même pas dans un pareil acte un commencement de preuve par écrit susceptible de rendre admissible la preuve par témoins, conformément au principe doctrinal de l'article 1347.

La possession d'état ne pourrait pas suppléer à la production d'un acte de célébration inscrit sur les registres de l'état civil. A partir de l'ordonnance de Blois, de mai 1579 (art. 40 et 44), les mariages présumés n'ont plus été admis en France, c'est-à-dire que depuis lors la possession d'état d'époux légitime n'engendrait plus une présomption de célébration de mariage. A plus forte raison, cette possession d'état ne peut-elle pas aujourd'hui détruire la présomption contraire, qui, d'après l'article 194, résulte de la non-représentation d'un acte de célébration.

Toutefois, si la possession d'état ne supplée point l'absence de l'acte de célébration, elle couvre les vices de forme dont cet acte serait entaché. — En présence de l'intime connexité qui existe entre la célébration du mariage et l'acte instrumentaire ayant pour objet de la constater, les rédacteurs du Code, dans l'article 196, paraissent avoir confondu la célébration elle-même et l'écrit destiné à en fournir la preuve (1). La fin de non-recevoir établie par cet article doit

(1) Dans deux des projets du Code civil, les formes prescrites par la loi étaient exigées à peine de nullité (3me projet de Cambacérès, messidor an IV, art. 73; et projet de Jacques Minot, tit. I, art. 20). — Nulle part le Code Napoléon n'a reproduit cette sanction rigoureuse.

donc s'appliquer aux demandes en nullité dirigées contre la célébration elle-même, sans distinction entre le cas d'incompétence et celui de clandestinité.

Lorsqu'un acte de célébration a été détruit ou falsifié, ou lorsqu'il a été inscrit sur une feuille volante, la preuve du mariage peut résulter, soit d'une poursuite criminelle ou correctionnelle dirigée contre l'auteur du crime ou du délit, soit d'une action civile intentée contre les héritiers. Le juge saisi de l'action doit ordonner le rétablissement de l'acte; et l'inscription de ce jugement sur les registres de l'état civil établit la preuve du mariage, à l'instar d'un acte de célébration inscrit à sa date sur ces registres.

Lorsque les registres n'ont pas existé ou ont été perdus, la preuve de la célébration peut être faite tant par titres que par témoins et par présomption, conformément à l'article 46.

SECTION VII

Des conséquences du Mariage annulé. — Du Mariage putatif.

Si une des causes de nullité que nous venons de parcourir a été proposée; si cette nullité n'a été couverte par aucune fin de non-recevoir; si aucune prescription n'a couru, le mariage sera annulé, et, comme conséquence de cette annulation, tous ses effets juridiques seront rétroactivement détruits. Mais il y a des choses que la rétroactivité ne peut pas effacer, par exemple, toutes les conséquences qui découlent nécessairement du fait de l'union entre les époux. Si, à la suite du mariage, il y a eu ménage, il faudra procéder à la liquidation d'après le principe ordinaire de la société de biens.

Le mariage annulé crée l'affinité naturelle; ainsi, le mariage est prohibé entre l'un des époux et les ascendants de l'autre. Les enfants issus d'un mariage annulé ont, pour prouver leur filiation naturelle à l'égard de chacun des époux, des moyens différents de ceux qu'ont les enfants naturels ordinaires. Ainsi, les enfants naturels ne peuvent prouver leur filiation que par un acte de célébration. Ici, au contraire, ils pourront prouver leur filiation naturelle par tous les moyens qui leur auraient servi à prouver leur filiation légitime. Ce principe est vrai, même dans le cas où il s'agirait d'établir une filiation adultérine ou incestueuse, c'est-à-dire dans le cas où le mariage contracté aurait été annulé pour cause de bigamie ou d'inceste, car les articles 762-764 supposent que la filiation d'un enfant incestueux ou adultérin peut être légalement prouvée ; or, comme il est impossible de reconnaître volontairement ces enfants, il faut bien qu'il y ait des cas, pourtant, dans lesquels la preuve en sera établie, et l'un de ces cas est précisément celui où le mariage est annulé pour cause de bigamie ou d'inceste.

Nous connaissons le principe : Le mariage une fois annulé, tous les effets civils de ce mariage sont détruits rétroactivement. Les articles 201, 202 du Code civil apportent une exception à ce principe. Cette exception se produit dans le cas de mariage putatif.

On entend par mariage putatif, un mariage qui n'est complet, valable, que dans l'opinion des deux époux ou de l'un d'eux. Cette opinion, conçue de bonne foi par l'un des époux ou par tous les deux, est de nature à produire en leur faveur de bons résultats. Le mariage est considéré comme valable, soit au profit de l'époux de bonne foi, soit en faveur des enfants nés de ce mariage.

D'après la majorité des auteurs, la bonne foi ne couvre que les vices qui donnent ouverture à l'action en nullité. Les articles 201, 202 ne s'appliquent qu'autant que le mariage existait. La bonne foi ne peut couvrir les vices d'inexistence; elle ne peut produire aucun effet quand le mariage n'avait pu se former faute d'un des éléments essentiels à son existence, comme, par exemple, un mariage contracté devant une personne autre que l'officier de l'état civil. Mais les dispositions des articles 201 et 202 s'appliquent à tous les mariages simplement annulables; peu importe que la cause de nullité réside dans un empêchement de fond ou dans l'inobservation de l'une ou de l'autre des formalités prescrites pour la validité de la célébration.. Beaucoup d'auteurs enseignent qu'on ne doit appliquer les dispositions des articles 201 et 202 qu'aux mariages célébrés avec les formalités requises par la loi (1). Cette proposition est trop absolue. Il est bien évident que les dispositions des articles 201, 202 ne peuvent s'appliquer à une union qui n'aurait pas été célébrée avec les solennités essentielles à l'existence d'un mariage; mais si le mariage existe, l'omission des formes simplement requises pour sa validité ne s'oppose pas, nécessairement et par elle-même, à l'application des articles 201, 202, puisque ces articles, conçus en termes généraux,

(1) Toullier, I, 654, 655 et 657. Proudhon, II, p. 3 et 4. Duranton, II, 348 à 350.

s'étendent, sans distinction, à tous les cas où le mariage a été annulé, soit pour vices de fond, soit pour vices de formes (1).

Pour qu'un mariage soit considéré comme putatif, il faut que les deux époux, ou l'un des deux, aient ignoré, lors de la célébration, les vices qui l'ont fait annuler. Quelques auteurs exigent que cette ignorance soit excusable (2). Je ne crois pas qu'il faille admettre ici cette restriction, parce que les articles 201 et 202 sont conçus en termes généraux; parce que cette ignorance provenant soit d'une erreur de fait, soit même d'une erreur de droit, est digne d'excuse; que, d'ailleurs, elle suffit par elle-même pour faire produire au mariage les effets civils (3).

J'établis cependant une différence, relativement à la preuve de la bonne foi, entre l'erreur de fait et l'erreur de droit. Pour l'erreur de fait, ce sera au demandeur en nullité à prouver la mauvaise foi des époux; tandis que pour l'erreur de droit, ce sera aux époux eux-mêmes à prouver leur bonne foi, car cette erreur de droit, quoique excusable, l'est cependant beaucoup moins que l'erreur de fait. Nul n'est censé ignorer la loi, et la preuve contraire, mise directement à la charge de la partie adverse, serait toujours très-difficile, si elle n'était pas impossible. Donc, bien que, en principe, nous reconnaissions excusable l'erreur de fait comme l'erreur de droit, il faut dire que dans le premier cas il y a présomption de bonne foi; dans le second cas, au contraire, présomption de mauvaise foi. Ces présomptions, d'ailleurs, de bonne et de mauvaise foi seront abandonnées au pouvoir discrétionnaire du juge.

Le mariage putatif produit toujours, en faveur des enfants, tous les effets d'un mariage valable, soit que la bonne foi ait existé chez les deux époux, ou bien chez l'un d'eux seulement. Les enfants issus d'un tel mariage succèdent comme enfants légitimes, même à l'époux de mauvaise foi et à ses parents (4). Les enfants conçus après la cessation de la bonne foi auront aussi ces mêmes avantages, pourvu cependant que leur conception soit antérieure à l'annulation du mariage. Il en est ainsi, alors même que le mariage a été annulé pour cause de bigamie ou d'inceste (5). Cette dernière opinion, cependant, est controversée. Quelques auteurs distinguent entre les différentes

(1) Demolombe, III, n° 354.
(2) Delvincourt, I, p. 144. Toullier, I, 654 à 659. Duranton, II, 348 à 351.
(3) Demolombe, III, 358. — Metz, 7 février 1854. V. S. 54, 2, 659.
(4) Toullier, I, 664 et 666. Proudhon, II, p. 5.
(5) Duranton, II, 364 et 365. Demolombe, III, 362.

causes de nullité; ainsi, pour les cas de bigamie ou d'inceste, ils veulent que les époux se séparent dès qu'ils connaissent leur position, et ils décident que les enfants conçus depuis ce moment ne seront plus légitimes. Mais cette restriction est purement arbitraire. Elle est repoussée par le texte formel de l'article 202 disant : « que le mariage qui a été déclaré nul, produit néanmoins les effets civils lorsqu'il a été contracté de bonne foi » ; donc, il suffit de la bonne foi au moment de la célébration du mariage, pour que les effets civils soient assurés à ce mariage jusqu'à ce qu'un jugement l'ait déclaré nul.

Le mariage putatif légitime aussi les enfants nés antérieurement à ce mariage, pourvu que le commerce dont ils sont issus n'ait été entaché ni d'adultère, ni d'inceste, parce que le mariage, même valable, ne peut légitimer des enfants adultérins, ou incestueux (Art. 331 du Code civil). Ces enfants allégueraient en vain que leurs parents ignoraient le vice d'adultère ou d'inceste dont se trouvait infecté le commerce qui leur a donné naissance (1). Lorsque la bonne foi existe entre les époux, le mariage putatif engendre encore, vis-à-vis d'eux, tous les effets qu'aurait produits un mariage valablement formé. Ainsi, les conventions matrimoniales des deux conjoints reçoivent leur pleine et entière exécution. Ils peuvent aussi retenir les avantages que des tiers leur auraient faits en vue du mariage, parce que la généralité des termes des articles 201 et 202 n'admet aucune distinction; mais ils perdent le droit de successibilité, lequel, étant attaché à la qualité d'époux, cesse avec elle. Cela résulte de l'article 767 lui-même, qui déclare l'époux divorcé incapable de succéder. Or, l'annulation du mariage putatif enlève, comme le divorce, le titre d'époux avec tous les avantages qui en résultent (2).

Le mariage putatif ne produit ses effets, nous l'avons vu, que vis-à-vis des époux qui sont de bonne foi ; si donc il y en a un des deux qui soit de mauvaise foi, il ne pourra pas profiter des avantages de ce mariage.

La puissance paternelle ou maternelle, tant sur les biens que sur la personne des enfants, appartient exclusivement à l'époux de bonne foi. L'époux de mauvaise foi ne succèdera pas à ses enfants, quoique ceux-ci puissent lui succéder. Mais cette prohibition s'ar-

(1) Delvincourt, Duranton, II, 354 et 355. — Demolombe, III, 365.

(2) Duranton, II, 369. — Demolombe, III, 370.

rête à l'époux de mauvaise foi, elle ne s'étend pas aux parents qui succèderont aux enfants.

L'époux de bonne foi peut, seul, demander que l'on fasse la liquidation de ses droits, soit d'après les dispositions du contrat de mariage, s'il y en a un, soit d'après les principes ordinaires de la société. L'époux de bonne foi a cet avantage de pouvoir choisir, parce que, seul, il peut réclamer les effets civils du mariage. Mais s'il veut faire la liquidation d'après les dispositions du contrat de mariage ou de la communauté légale, il ne pourra y apporter aucune modification.

La femme de mauvaise foi perd l'hypothèque légale sur les biens de son mari. Mais a-t-elle le droit de renoncer à la communauté ou à la société à laquelle le mariage a donné lieu? On pourrait le lui refuser, car ce droit n'est en définitive qu'un des effets civils du mariage. Cependant MM. Aubry et Rau le lui accordent comme une conséquence des pouvoirs exclusifs que le mari aura, de fait, exercés en sa qualité de chef de la communauté.

L'époux de bonne foi conservera les avantages que l'époux de mauvaise foi lui aura faits; mais il n'en sera pas ainsi de celui qui est de mauvaise foi, quand même ces avantages auraient été stipulés réciproques. La donation faite par un tiers, par contrat de mariage, à l'un des époux de mauvaise foi, sera-t-elle maintenue? Oui, car cette donation est acquise au mariage, et elle est toute en faveur des enfants.

Mais la donation faite par l'époux de mauvaise foi à un tiers, avant son mariage, sera-t-elle révoquée par la survenance d'un enfant? Je ne le pense pas, car la révocation est un droit accordé au donateur, et le donateur ne peut pas acquérir ce droit en contractant sciemment l'union illégitime dont l'enfant est né.

L'époux de mauvaise foi ne pourra réclamer la liquidatian de la société ayant existé avec son conjoint, que comme une société de biens. Cette liquidation présentera des difficultés quand on se trouvera en présence de deux sociétés. Dans le cas, par exemple, où le mari contracte un second mariage, quand le premier n'est pas dissous. Il faudra, alors, régler les droits de deux femmes que nous supposons de bonne foi. Pour établir les droits de la première, on agira comme si la deuxième n'existait pas; on considèrera le deuxième mariage comme n'ayant été entre le mari et sa deuxième femme qu'une simple société de fait ordinaire. Par conséquent, la première femme pourra réclamer la moitié de la communauté, telle qu'elle existera au jour de la séparation; elle subira cependant la déduction des apports de la deuxième femme et d'une part des acquêts proportionnelle à ces apports.

Quant à la seconde femme, elle prendra la moitié de la communauté telle qu'elle existera au jour de la dissolution réelle de son mariage, sous la déduction des droits de la première femme, que l'on liquidera fictivement au jour de la célébration du deuxième mariage, et à qui on accordera un droit proportionnel sur les acquêts.

CHAPITRE III

Conditions exigées pour que le Mariage puisse être célébré. — Empêchements prohibitifs.

Les empêchements prohibitifs n'ont d'autre effet que de mettre obstacle à la célébration du mariage; leur existence ne peut entraîner la nullité lorsque l'officier de l'état civil a passé outre. Seulement, la sanction de l'inobservation de ces conditions consiste dans une condamnation à l'emprisonnement et à l'amende contre l'officier civil qui a consenti à le célébrer, et quelquefois aussi contre les parties.

Ces empêchements sont les suivants :

1° La femme dont le mariage a été dissous ou annulé, par quelque cause que ce soit, ne peut se remarier que dix mois après la dissolution ou l'annulation de ce mariage : d'abord pour une raison de convenance, puis pour éviter une confusion de part: l'incertitude sur la paternité. Delvincourt et Proudhon (1) enseignent que cet empêchement est dirimant. Mais leur opinion a été rejetée par les autres auteurs et par la jurisprudence. Articles 228 et 296.

2° Tant qu'un mariage existera, l'officier de l'état civil ne pourra pas procéder à la célébration d'un second; il devra surseoir jusqu'à l'annulation ou jusqu'à l'extrait du décès de l'autre conjoint.

3° Les militaires de toute arme et de tout grade, appartenant soit à l'armée de terre, soit à l'armée de mer, et les personnes qui leur sont assimilées, ne peuvent contracter mariage sans l'autorisation de leurs chefs hiérarchiques (2).

4° Le mariage est prohibé à raison du lien qu'engendre l'adoption : entre l'adoptant, l'adopté et ses descendants légitimes ; entre les en-

(1) Merlin, Rép., v° Noces (secondes), § 2, n° 1. — Valette, sur Proudhon, I, p. 404 et 405.

(2) Décrets du 16 juin, des 3 et 28 août 1808.

fants adoptifs du même individu ; entre l'adopté et les enfants légitimes qui pourraient survenir à l'adoptant ; entre l'adopté et le conjoint de l'adoptant, et réciproquement, entre l'adoptant et le conjoint de l'adopté (art. 348).

5° L'époux adultère ne peut, après le divorce, se marier avec son complice (art. 298). Cette disposition n'est pas applicable au cas de séparation de corps, parce que la *ratio legis* n'existe pas. La loi n'a pas voulu que l'époux contre lequel le divorce a été prononcé pour cause d'adultère, pût, en épousant immédiatement son complice, trouver dans le divorce même la récompense de ses déportements. Tandis qu'en matière de séparation de corps, le mariage ne sera possible qu'après le décès. D'ailleurs les dispositions pénales doivent être interprétées strictement.

6° Les époux divorcés, soit par consentement mutuel, soit pour cause déterminée, ne peuvent plus se réunir (art. 295). La loi du 16 mai 1816 a aboli le divorce ; mais comme elle ne l'a aboli que pour l'avenir et en prenant soin de déclarer expressément que les divorces alors prononcés *conservent* tous leurs effets, les incapacités auxquelles ils ont donné naissance sous l'empire de l'ancienne loi subsistent encore aujourd'hui.

7° L'officier de l'état civil doit surseoir à la célébration du mariage jusqu'à la main-levée des oppositions, car il n'en est pas le juge. — Il doit agir de même dans le cas où on n'a pas fait les publications exigées par la loi.

8° L'enfant naturel non reconnu, ou l'enfant naturel reconnu dont les père et mère sont décédés, ne peut, avant l'âge de vingt et un ans, se marier sans le consentement d'un tuteur *ad hoc*.

9° Le fils qui a vingt-cinq ans accomplis, la fille, quand elle a vingt et un ans révolus, sont absolument maîtres de leur destinée ; leur volonté suffit pour la validité de leur mariage ; ils n'ont besoin, à cet égard, du concours d'aucun autre consentement. Toutefois, l'enfant, à tout âge, doit honneur et respect à ses ascendants (art. 371), or, il manquerait à ce devoir, s'il accomplissait, sans préalablement prendre au moins leur *conseil*, l'acte qui doit leur donner une postérité et leur imposer même des obligations pécuniaires (art. 206, 207). Cette nécessité de consulter ses ascendants avant de contracter mariage est d'ailleurs utile à l'enfant lui-même ; elle appelle son attention sur l'importance de l'acte qu'il va faire ; les délais qu'elle entraîne lui donnent le temps de réfléchir avec maturité, et, par suite, le moyen de se soustraire aux influences passionnées et mauvaises qui le dominent. Les conseils qu'il reçoit le détourneront peut-être d'une union peu digne de lui et de sa famille.

La loi dans l'art. 151 n'a fait que développer et appliquer le principe qu'elle a posé dans l'article 371. Cet article 151 reproduit, en ce qui concerne l'ordre hiérarchique, les dispositions de l'article 148 relatives au consentement. On doit requérir le conseil des personnes auxquelles, si on était mineur, on aurait besoin de recourir pour le consentement.

Si les parents refusent, on leur fait alors des actes respectueux dont le nombre varie suivant l'âge de l'enfant qui veut se marier. Le code civil distingue deux périodes : la première commence depuis la majorité jusqu'à 25 ans pour les filles et 30 ans pour les garçons. Trois actes respectueux sont nécessaires ; ils doivent être faits de mois en mois, et le mariage ne peut être célébré qu'un mois après le troisième.

La deuxième période a lieu à partir de 30 ans pour les garçons et 25 ans pour les filles ; un seul acte respectueux suffit. Le texte de l'article 153 contient, relativement aux filles, une lacune que la pratique a comblée dans le sens ci-dessus. Il n'y a plus, à partir de 25 ou de 30 ans, de limite fixée pour l'acte respectueux, seulement on ne pourra procéder à la célébration du mariage qu'un mois après la notification de cet acte.

La demande de conseil doit être formée, au nom de l'enfant, par deux notaires, ou par un notaire et deux témoins possédant les qualités exigées par les articles 9 et 10 de la loi du 25 ventôse an XI sur le notariat. Ainsi, il faut que les témoins soient domiciliés dans la commune où la demande est faite (1). La présence réelle du notaire en second ou des deux témoins est indispensable.

Mais il n'est pas nécessaire que l'enfant soit présent à la notification. La loi a pensé, sans doute, que sa présence, pouvant surexciter l'irritation de l'ascendant, serait souvent dangereuse.

La demande doit être faite en termes formels et conçue dans une forme respectueuse. Elle doit être remise à la personne même des ascendants à moins que ces derniers ne se trouvent pas à leur domicile, ou ne défendent l'entrée de leur appartement. La demande doit

(1) Dalloz, jur. gén., v° Mariage, p. 36, n° 18.

être constatée par un procès-verbal, dans lequel il sera fait mention de la réponse des ascendants, à moins que ces derniers ne refusent de répondre, ou que le conseil ne soit demandé en leur absence. Ce procès-verbal qui sera rédigé dans la forme ordinaire des actes notariés, doit, suivant la distinction ci-dessus établie, être notifié à la personne ou au domicile des ascendants auxquels le conseil est demandé, et copie séparée doit en être laissée à chacun d'eux. Art. 154 c. c. et 68 c. p. c.

Si l'ascendant auquel on devait s'adresser est absent, il sera passé outre à la célébration du mariage, à la condition de représenter le jugement qui déclare l'absence, ou, à défaut de ce jugement, de représenter celui qui aurait ordonné l'enquête ; s'il n'y a point eu encore de jugement, il faut un acte de notoriété délivré par le juge de paix du lieu où l'ascendant a eu son dernier domicile connu. Cet acte contiendra la déclaration de quatre témoins, appelés d'office par ce juge de paix. Art. 155.

Si on n'a pas consulté les personnes auxquelles on était obligé de s'adresser, celles-ci ont le droit de former opposition au mariage; elles en ont encore le droit dans le cas où l'acte respectueux est nul par suite de l'absence de l'une des conditions de forme essentielles. Ces personnes, enfin, pourront former opposition, en troisième lieu, si l'enfant se marie avant l'expiration du mois, depuis le troisième acte respectueux. Mais si le mariage a eu lieu au mépris de l'opposition formée, il est parfaitement valable, seulement l'officier de l'état civil peut être condamné à un emprisonnement d'un mois au moins et à une amende de trois cents frans au plus. Art. 157 cbn., 156 et 192. Quant aux enfants naturels, ils n'ont qu'à demander le conseil du père ou de la mère qui les ont reconnus, sans qu'ils aient besoin de s'adresser aux autres ascendants. Art. 158.

De l'examen de certains cas dans lesquels il y a controverses sur le point de savoir s'il existe ou non un empêchement de mariage.

1° DE L'INTERDICTION JUDICIAIRE.

Je me suis déjà expliqué sur ce qui concerne l'interdiction judiciaire, en parlant du consentement des époux. Je conclus des motifs que j'ai développés alors, que cette interdiction n'est pas un empêchement dirimant, puisqu'au titre du mariage nous ne trouvons aucun texte qui frappe d'annulation le mariage de l'interdit. Les articles 502 et 503 sont inapplicables au mariage, car la loi a réglé le titre par des dispositions qui lui sont spéciales, et il ne faut pas en invoquer d'autres. Mais, puisque l'interdiction n'est pas un empêchement dirimant, sera-t-elle, du moins, un empêchement prohibitif? Non, pas davantage, car le tribunal appréciera si, celui qui veut se marier est apte au moment de la célébration, s'il est dans un intervalle lucide ; mais il ne doit tenir aucun compte de l'interdiction prononcée. — On peut cependant former opposition à ce mariage, et l'officier de l'état civil doit en tenir compte jusqu'au moment où on lui en rapportera la main-levée. Mais s'il n'y a pas d'opposition, l'officier de l'état civil doit marier l'interdit.

2° DE L'INTERDICTION LÉGALE.

Les personnes frappées d'interdiction légale par suite de condamnations pénales, sont-elles, pendant la durée de leur peine, incapables de contracter mariage?

Les auteurs soutiennent généralement que l'interdiction légale engendre bien un empêchement prohibitif de mariage, mais il n'en résulte pas d'empêchement dirimant. L'officier de l'état civil pourrait et devrait même, en l'absence de toute opposition, refuser de procéder à la célébration du mariage d'un individu placé sous le coup d'une interdiction légale. En effet, disent-ils, l'incapacité dont un tel individu se trouve frappé, s'étend aussi bien au mariage qu'aux autres actes de la vie civile. Ces auteurs se fondent sur l'article 29 du code pénal. Cette décision ne nous paraît pas bien exacte. Cette espèce d'interdiction toute spéciale et particulièrement relative aux aliénations entre-vifs du patrimoine de l'interdit, ne constitue pas un empêchement prohibitif de mariage. Nous sommes en présence d'une personne qui subit sa peine et à qui on nomme un tuteur pour administrer ses biens. La disposition, relative aux biens, on ne peut pas l'étendre aux actes qui n'admettent pas la représentation par un tuteur, par exemple, au mariage, aux testaments, à la reconnaissance d'un enfant naturel. C'est ici une question non point, à vrai dire, de consentement, mais de capacité; or, il nous semble que l'article 29 du code pénal n'avait point pour but d'altérer, sous ce rapport, la capacité légale du condamné, au delà des effets de la dégradation civique prononcée contre lui par l'article 28 du même Code (1).

3° DE L'ENGAGEMENT DANS LES ORDRES SACRÉS

Dans cette question, il importe par-dessus tout de se bien tenir en garde contre l'influence des passions religieuses : le débat est essentiellement juridique, nous ne le déplacerons pas. Nous laisserons même de côté les considérations morales qui peuvent bien avoir une grande influence sur le législateur, mais qui doivent être reléguées au second rang par celui dont la tâche consiste simplement à interpréter les lois existantes.

Dans l'ancien droit, l'engagement dans les ordres sacrés était un empêchement dirimant. Quelques jurisconsultes ont essayé de soutenir que cet empêchement existait encore de nos jours. Une pareille opinion, ce nous semble, ne peut guère se soutenir en présence de la règle, qu'en matière de mariage, il n'y a pas des nullités virtuelles, mais seulement des nullités textuelles. Le tort que l'on a, lorsqu'on agite cette question, c'est de mêler le point de vue religieux et le point de vue civil. Eh bien! la question religieuse mise de côté, je dis que le prêtre catholique peut civilement se marier, parce que la loi ne le lui défend pas. En effet, tout ce qui touche à la capacité nécessaire pour contracter mariage a été réglé souverainement par

(1) Demolombe, Traité de la publication, des effets et de l'application des lois, etc., n° 192. — Zachariæ, Aubry et Rau, t. IV, p. 83.

le Code civil au titre du mariage. Il énumère expressément tous les cas d'empêchements, et assurément cette énumération est limitative, et il n'est pas permis d'ajouter de nouveaux empêchements au mariage à ceux qui ont été prévus et expressément indiqués par la loi.

La seule question qui puisse donner lieu à une sérieuse discussion, est celle de savoir si l'engagement dans les ordres sacrés constitue ou non, dans l'état actuel de la législation, un empêchement prohibitif.

On a cité, pour l'affirmative, trois lettres ministérielles de Portalis, alors ministre du culte, en vertu d'une décision orale de l'empereur. Mais ces lettres ministérielles, quelque explicites qu'elles soient, sur la question, ne sont pas obligatoires pour les tribunaux, et ne sauraient dès lors résoudre la difficulté. On s'est aussi prévalu de l'article 6 de la Charte de 1814, qui déclarait la religion catholique, religion de l'État. Mais l'argument que l'on prétendait tirer de cette disposition, qui a été supprimée dans la Charte de 1830, et qui ne se retrouve pas davantage dans la Constitution du 14 janvier 1852, n'a plus aujourd'hui la même valeur. Enfin, on a invoqué l'article 6 de la loi du 18 germinal, an X, qui met au nombre des cas d'abus l'infraction des règles consacrées par les canons reçus en France, et l'article 26 de la même loi, qui impose aux évêques l'obligation de n'ordonner que des ecclésiastiques réunissant les qualités requises par les canons. Si cet argument est fondé, on peut faire sortir de là l'ancien régime tout entier. Les canons de l'Église défendaient le mariage jusqu'au huitième degré; ils voulaient que le mariage fut célébré par un prêtre catholique, etc., etc. Si donc les canons sont en vigueur pour un point, je ne vois pas pourquoi ils ne le seraient pas pour tous les autres. Pour l'affirmative, on a ajouté encore que l'exercice public du culte catholique a été rétabli en France par la loi du 18 germinal an X; l'Église a dès lors acquis le droit de procéder à tous les actes extérieurs du culte; et l'État a pris l'engagement de la protéger contre toute atteinte, et à plus forte raison, sans doute, de ne pas la troubler lui-même. L'article 7 de la loi de l'an X dit formellement : « Il y aura recours au conseil d'État, s'il est porté atteinte à l'exercice public du culte et à la liberté que les lois et règlements garantissent à ses ministres. » Or, l'ordination des prêtres est un acte public et extérieur du culte catholique; il a lieu sous l'autorité même du gouvernement (art. 16-26 de ladite loi); donc, le gouvernement l'approuve, et il ne saurait, par ses agents, concourir lui-même à la violation de l'engagement contracté par le prêtre (1). L'État accorde aux prêtres, à raison de leur caractère et de leur situation toute spéciale, des exemptions et des immunités, et salarie leurs fonctions aux dépens du Trésor public. — Je réponds à ces derniers arguments, que l'État, dans un double but de protection et de surveillance, intervient dans la nomination des ministres des différents cultes, catholique, protestant ou israélite; qu'il leur alloue des traitements sur les fonds du Trésor, et qu'il leur accorde, en outre, d'autres immunités. C'est ainsi qu'il approuve, soit expressément, soit tacitement, les dogmes, la discipline, les rites des différents cultes; ils les approuve, mais sans les admettre lui-même, sans les adopter, mais en gardant, au contraire, sur tous les points de doctrine et de discipline, sa neutralité politique. On ne peut pas dire, civilement parlant, que la loi du 18 germinal, an X, a relevé les canons de l'Église, reçus en France autrefois. Elle a pu les relever comme règle de discipline, mais jamais comme lois civiles. L'Église catholique peut avoir une législation particulière, elle peut défendre au prêtre catholique de se marier, comme elle le défend au cousin et à la cousine; mais, de même que civilement et malgré la prohibition de l'Église, le cousin et la cousine peuvent se marier, de même le prêtre catholique, malgré son caractère, qui est tout à fait en dehors de notre thèse, peut contracter mariage.

Mais, dit-on, le prêtre a fait une convention avec l'évêque; or, cette convention est légale puisque l'État lui-même intervient dans la nomination du prêtre, donc, on peut appliquer ici l'article 1134, et dire que cette convention est civilement et juridiquement obligatoire. Mais, comme le dit très-bien M. Demolombe, si l'on admet l'application de l'article 1134, il faudra admettre aussi celle de l'article 1142, et dire que si le prêtre quitte le sanctuaire, l'évêque aura une action en dommages-intérêts devant les tribunaux. Il est clair que l'on ne peut pas accepter une semblable conséquence. Et, en effet, ce n'est pas vis-à-vis de l'État que le prêtre s'est engagé, c'est uniquement vis-à-vis de ses chefs spirituels. Il a fait un vœu, il n'a pas fait un contrat. L'État ne garantit point à l'Église l'exécution de ce vœu, de cet engagement religieux! Son intervention est seulement une haute mesure d'ordre et de gouvernement. Il ne voit, dans les ministres des différents cultes, que des fonctionnaires; il n'impose à personne une croyance, une profession religieuse quelconque; il

(1) Aubry et Rau, sur Zachariæ, t. IV, p. 85 et 86.

proclame, au contraire, pour tous et pour chacun, la liberté de conscience, la liberté de religion (1).

Je ne nierai pas, assurément, la gravité des considérations qui peuvent s'élever contre le mariage des prêtres. Ce n'est pas que j'approuve le moins du monde, un mariage contracté dans de telles conditions, bien loin de là; car si je me place en face de la morale, je suis le premier à blâmer la conduite du prêtre qui méconnaît ses devoirs, qui met de côté ses promesses et ses engagements. Ce qui est bien plus sérieux, c'est le relâchement, c'est l'altération qui pourrait en résulter dans la discipline du clergé; c'est la tranquilité des familles, c'est la considération et l'honneur du sacerdoce qui pourraient se trouver compromis! Mais toutes ces considérations, pour si respectables qu'elles soient, viennent se heurter contre les textes de la loi qui ne font aucune exception, quant au mariage, pour le prêtre catholique. — Sur ce sujet, on peut consulter une brochure qui renferme notamment une remarquable plaidoirie de M. Jules Favre. (Débats sur la question du mariage des prêtres, 1862, Périgueux.)

La jurisprudence a décidé que les magistrats doivent prononcer la nullité du mariage qui a été contracté par un prêtre, lorsque l'officier de l'état civil, par erreur ou autrement, l'a célébré. Donc l'empêchement qui résulte de la prêtrise est dirimant (2)!

Cette doctrine est, suivant nous, plus excessive encore et plus contraire à tous les textes et à tous les principes modernes.

4° DE L'IMPUISSANCE.

L'impuissance engendrait, dans l'ancien droit, un empêchement dirimant de mariage, rendant la personne incapable de contracter aucun mariage (3). C'est là, au contraire, une difficulté fort débattue aujourd'hui. La question se divise en deux branches : 1° L'impuissance est-elle un obstacle à la célébration du mariage? 2° Le mariage une fois célébré, est-elle une cause de nullité? En d'autres termes, l'impuissance est-elle un empêchement prohibitif ou bien un empêchement dirimant?

(1) Art. 5 de la Charte de 1830.

(2) *Gazette des Tribunaux* du 26 janvier 1865.

(3) Pothier, *Contrat de mariage*, n° 96. Merlin, Rep. v° Impuissance, t. VI, p. 19.

Sur le premier point, ma réponse est que l'impuissance n'est pas un obstacle à la célébration du mariage. La chose d'abord n'est pas contestable, lorsque l'impuissance ne se révèle par aucun vice d'organisation extérieur; lorsque ce vice ne provient que d'une nature débile. Cette impuissance, que l'on appelle naturelle, (art. 313), n'est ni assez complète ni assez certaine pour que l'on puisse suffisamment la constater. Et d'ailleurs, lors même que cette impuissance existerait réellement, elle ne constituerait pas plus un empêchement que l'impuissance qui résulterait de l'extrême vieillesse. La décision doit être la même si l'impuissance résulte d'un vice extérieur de conformation, et même dans le cas où l'un des époux aurait notoirement subi une amputation qui le rendrait incapable de tout commerce charnel, parce qu'on ne peut ajouter aucune condition à celles que la loi exige pour contracter mariage; or, le Code civil veut que le mariage ait lieu entre un homme et une femme. Si donc la différence de sexe est certaine, on ne peut pas s'opposer au mariage, même en fournissant la preuve de son impuissance. D'ailleurs, l'union des sexes, la procréation des enfants est, il est vrai, la fin principale, mais non pas unique du mariage. « Le commerce charnel, dit Pothier lui-même, n'est pas de l'essence du mariage. » Le mariage n'est-il donc pas aussi une société de secours et d'assistance? (Art. 212). N'est-il pas le refuge contre les ennuis de la solitude, contre les tristesses de l'abandon? Nous pouvons dire que la faculté d'engendrer n'est pas requise par la loi. Donc, l'impuissance, quels qu'en soient la cause et le caractère, n'est pas un empêchement prohibitif à la célébration du mariage, dès que les futurs époux consentent à se marier (1).

Mais le mariage une fois célébré, celui des époux qui aurait été trompé pourrait-il en demander la nullité pour cause d'impuissance de l'autre?

Cette question est vivement controversée; trois opinions sont en présence :

La première répond toujours négativement, quels que soient l'origine et le caractère de l'impuissance, naturelle ou accidentelle, invisible ou manifeste; elle se base sur les arguments suivants : 1° Le Code civil a textuellement déterminé les causes de nullité du mariage; or, nulle part il n'a rangé l'impuissance au nombre de ces

(1) Despeisses, t. I. Du mariage, sect. I, p. 275. *Revue de législation*, 1852, t. I., p. 5 et 321, et t. II, p. 5.

causes. 2° Dans la discussion du titre du Divorce, l'impuissance, présentée d'abord comme une cause de divorce, n'a pas même été, en définitive, admise à ce titre (1). 3° Il y a toujours une difficulté de preuve; la visite par les experts, si révoltante pour la pudeur, n'arriverait qu'à des conclusions incertaines, et le plus souvent ensuite démenties par les faits.

La deuxième opinion, invoquant l'article 312, prétend que l'impuissance accidentelle pourrait seule donner lieu à une demande en nullité de mariage; tandis que l'impuissance naturelle ne serait jamais une cause de nullité (2).

Enfin la troisième opinion, que je partage, enseigne que l'impuissance est une cause de nullité, toutes les fois qu'elle est extérieure et manifeste, sans distinguer alors si elle résulte d'un défaut naturel de conformation, ou d'un accident postérieur. L'époux trompé peut soutenir que son consentement est entaché d'une erreur dans la personne, en vertu de l'article 180. On objecte que l'erreur, en pareil cas, ne porterait que sur les qualités physiques, et ne peut jamais fonder une demande en nullité de mariage. Cependant nous avons vu que l'erreur dans la personne était finalement toujours le résultat de l'erreur sur les qualités, et qu'il appartenait aux tribunaux d'apprécier dans quels cas l'erreur sur les qualités avait un degré de force assez considérable pour devenir erreur dans la personne; or, telle est certainement l'espèce d'erreur qui nous occupe. D'ailleurs il serait inique, et souvent même immoral, de maintenir le mariage contracté par une personne avec un individu dont les organes sexuels seraient dans un état d'imperfection patent et certain.

Je persiste à croire que si la preuve de l'impuissance est acquise par la visite ou par tous les moyens, les magistrats devront prononcer la nullité (3).

(1) Locré, Leg., civ., t. V, p. 83, et t. VI, p. 291.

(2) Toullier et Duvergier, t. I, nos 525, 526; Duranton, t. II, nos 67-71.

(3) Pothier, no 445. Valette, sur Proudhon, t. I, p. 395, note A. Bonnier, *Traité des preuves*, t. I, n° 110, 4e édit. 1873.

APPENDICE

DES MARIAGES DES FRANÇAIS A L'ÉTRANGER ET DES ÉTRANGERS EN FRANCE.

§ I. Des militaires qui se marient en pays étranger lorsqu'ils sont sous les drapeaux.

Les formes des mariages des militaires qui se marient en pays étranger, lorsqu'ils sont sous les drapeaux, sont réglées par les articles 88 et suivants. Ces règles ne concernent que les militaires qui veulent se marier avec des françaises; s'ils veulent se marier avec des étrangères, les dispositions ci-dessus ne sont pas entièrement applicables; car, dans ce cas, les autorités locales sont compétentes. Les publications de ce mariage doivent être faites; elles auront lieu au domicile de chacun des futurs époux et des personnes sous la puissance desquelles ils sont placés. De plus, aux formalités de droit commun, on ajoute des publications à l'ordre du jour du corps, vingt-cinq jours avant la célébration du mariage. Cette célébration se fera dans un lieu ouvert au public, en présence de quatre témoins.

Une fois l'acte dressé, l'autorité militaire doit en envoyer une copie détaillée : 1° Au domicile du mari; 2° au domicile de la femme si elle était déjà française avant son mariage.

Sanction. — Ce n'est pas la nullité, puisque la loi ne la prononce pas, mais une sanction pécuniaire contre les autorités qui ne se sont pas conformées aux prescriptions voulues. Ces mariages sont soumis aux mêmes empêchements prohibitifs ou dirimants que les mariages ordinaires.

§ II. Des français en pays étranger.

Passons maintenant à des Français en pays étranger, qu'ils soient ou non militaires, lorsque dans ce dernier cas ils sont séparés de l'armée.

Si les dèux futurs sont Français, ils pourront se marier devant l'agent diplomatique français, conformément aux lois françaises, ou devant l'autorité locale, suivant les formes usitées dans le pays (art. 170).

Si le mariage avait lieu entre Français et étrangers on ne pourrait s'adresser qu'aux autorités étrangères (1).

Quand le mariage est contracté en pays étranger, soit devant les agents diplomatiques, soit devant les autorités locales, aucune espèce de résidence n'est requise. Il suffit de se présenter devant l'officier de l'état-civil. Les mariages devront être appréciés d'après les lois en vigueur dans le pays où l'on contracte, si l'on se marie devant les autorités étrangères, et d'après les lois françaises si l'on se marie devant les consuls. Dans le premier cas, on applique la règle *locus regit actum.* D'où la conséquence que le mariage peut être prouvé par témoins quand il a été célébré dans un pays qui n'exige pas un acte de célébration. Tout cela n'empêche pas qu'on ne doive se conformer, en France, aux conditions requises pour la publicité du mariage et aux conditions de capacité. Ainsi, les Français qui se marient à l'étranger doivent, préalablement à leur mariage, faire en France toutes les publications qu'ils seraient obligés d'y faire s'ils s'y mariaient. Il en est de même pour les conditions de capacité. La loi française régit la capacité des Français partout où ils se trouvent. Aussi les Français, lorsqu'ils se marient à l'étranger, doivent-ils toujours se conformer aux qualités et conditions requises par le Code pour pouvoir contracter mariage.

Mais la loi, en exigeant ces conditions pour le mariage en pays étranger, a-t-elle eu l'intention de les exiger à peine de nullité?

Si la cause de nullité est telle qu'elle devrait être prononcée contre un mariage, même célébré en France, elle devra l'être évidemment pour un mariage célébré à l'étranger. Mais si, par exemple, les publications qui ne sont pas une cause de nullité pour un ma-

(1) Merlin répertoire, v. État civil. Marcadé, sur l'art. 170. Demolombe, t. I, n° 312.

riage célébré en France, n'avaient pas eu lieu, malgré les prescriptions de l'article 170, faudra-t-il dire que le mariage est annulable?

Trois opinions se sont formées sur cette question. La première, s'attachant à la lettre de l'article 170, déclare dans tous les cas le mariage nul. La deuxième opinion veut, au contraire, que le mariage soit toujours valable, parce qu'en matière de mariage les nullités ne se suppléent pas. Il faut que la loi ait expressément attaché à la prohibition qui a été violée la peine de nullité (1).

Enfin, la troisième opinion, que je préfère, laisse aux juges un pouvoir discrétionnaire; ils apprécieront, suivant les circonstances, si le mariage d'un Français en pays étranger doit être déclaré valable ou nul pour contravention à l'article 170. S'il est clairement démontré, par exemple, que des Français sont allés, tout exprès, en pays étranger pour se soustraire à la loi française, il est certain que dans ce cas le juge devra prononcer la nullité du mariage. Si, au contraire, un mariage a été contracté de bonne foi en pays étranger par des Français qui y habitaient depuis longtemps, ce mariage sera valable malgré, le défaut de publications. Car ces publications n'étant pas, par elles seules, une cause de nullité en France, la loi n'a pas pu se montrer plus exigeante pour les mariages contractés en pays étranger (2).

La nullité, dont un mariage célébré à l'étranger serait frappé pour clandestinité aux yeux de la société française, peut être proposée par toute personne intéressée (3). Quelques arrêts considérant le défaut de publications en lui-même comme une cause de nullité, indépendamment du point de savoir si le mariage a été ou non clandestin, n'ont pas accordé à tous les intéressés le droit de demander la nullité (4).

Lorsque le mariage a été célébré en pays étranger, il faudra faire transcrire l'acte de mariage dans les trois mois du retour en France. Mais quelle sera la sanction de cette prescription; car, en présence d'une prescription de la loi, il faut toujours se préoccuper de la sanction, y aura-t-il nullité si la transcription n'a pas eu lieu? Non, puis-

(1) Aubry et Rau, t. IV, p. 110. Duranton, II, 237, 238. — Paris, 8 juillet 1820. Sir. 20, 2, 307. — Bordeaux, 14 mars 1850. Sir. 52, 561.

(2) Demolombe, 1, 3, n° 222.

(3) Paris, 23 janvier 1832. Sir. 32, 2, 384. — Montpellier, 25 avril 1844. Sir, 45, 2, 7.

(4) Req. Rej., 5 novembre 1839. Sir. 39, 1, 822. — Req. Rej., 18 août 1841. Sir. 41, 1, 872. — Montpellier, 25 avril 1844. Sir. 45, 2, 7,

que nous ne trouvons pas une disposition formelle. Donc, la formalité peut être accomplie, soit après les trois mois, soit même après le décès de l'un des époux; seulement, après l'expiration des trois mois, l'officier de l'état civil ne pourra faire cette transcription qu'en vertu d'un jugement de rectification.

Si le défaut de transcription constitue un élément de clandestinité, cela ne peut pas nuire aux effets civils du mariage. Ainsi, malgré le défaut de transcription, les enfants pourront recueillir, comme légitimes, les successions de leurs parents en ligne directe ou collatérale. De même, la femme pourra faire valoir son hypothèque légale à partir des époques fixées par l'article 2135 (1). Toutefois, il peut arriver que des tiers ont traité avec les époux, et alors il faut se demander s'ils ont eu ou non connaissance du mariage dont on n'a pas accompli toutes les formalités voulues; s'il est clairement démontré qu'ils l'ignoraient, ils pourront opposer leur ignorance résultant du défaut de publicité (2).

§ III. Mariages célébrés en France par des étrangers.

Nous savons que les étrangers peuvent se marier en France, qu'ils peuvent suivre les lois françaises en observant les règles de capacité qui constituent le statut personnel. Un Prussien, par exemple, ne peut se marier qu'à vingt ans; il ne pourra se marier en France avant cet âge, bien que la loi française permette le mariage à dix-huit ans. Donc, l'officier de l'état civil doit d'abord exiger un certificat, délivré par les autorités du pays, établissant que ce Prussien est habile à contracter mariage. Toutefois, par un sentiment d'humanité, on a admis que les incapacités résultant de proscriptions politiques ou pénales prononcées en pays étranger, ne peuvent empêcher l'étranger de contracter en France un mariage valable.

Les tribunaux français ne doivent se préoccuper que du point de savoir si, d'après la loi étrangère, l'étranger est capable de contracter. Cependant, tout en admettant que les étrangers peuvent se marier devant les autorités françaises, on doit réserver à celles-ci le

(1) Du Caurroy, Bonnier et Roust. Demolombe, III, 219. Troplong, des hypothèques, II, § 13.

(2) Duranton, II, 240. — Demolombe, III, 229.

droit de se refuser à une union qui choquerait les bonnes mœurs ou l'ordre public. On pourrait, on devrait même refuser de marier un mahométan avec une française s'il est déjà engagé dans les liens d'un précédent mariage. Mais nous n'admettons pas que l'officier de l'état civil puisse se refuser à marier un étranger avec sa belle-sœur, si la loi personnelle lui permet de le faire sans dispense. L'union contractée en France entre un Français et une étrangère produit tous les effets du mariage. Mais il n'en est pas de même de l'union contractée en France entre deux étrangers ou entre un étranger et une Française; car, en vertu de l'article 19 du Code civil, la femme française qui épouse un étranger suit la condition de son mari. Elle ne peut donc, pas plus que son mari, réclamer en France la jouissance des droits civils qui sont exclusivement attachés à la qualité de Français.

FIN

Détails sur l'organisation civile, administrative et judiciaire de l'Arménie à l'époquee de l'empereur Justinien.

En qualité d'Arménien, je saisis l'occasion de publier, avec traduction en regard, les textes suivants, qui donnent des renseignements curieux sur les usages de l'Arménie. Ces textes, étrangers au sujet principal de la thèse, intéresseront sans doute plusieurs de mes compatriotes; c'est dans cet espoir que je les reproduis.

NOVELLA XXI. TITRE VIII (1).

De Armeniis, ut et illi per omnia Romanorum leges sequantur.

Idem Imperator Acacio, magnificentissimo proconsuli Armeniæ.

PRÆFATIO.

Quum Armeniorum regionem optimis legibus uti, nec a reliqua nostra republica ullo modo differre velimus, magistratibus eam Romanis ornavimus, prioribus nominibus ex ea sublatis, et ut Romanorum Schemate uteretur assuefecimus, neve alias apud eas leges esse constituimus nisi quas Romani nominant. Expressa quoque lege illud etiam, in quo male ab iis peccatur, corrigendum esse putavimus ne barbarorum more viri quidem parentibus, fratribus reliquisque cognatis succedant, feminæ vero non item, neve illæ sine dote nubant, nec a maritis futuris emantur, id quod magis etiam barbare usque adhuc apud ipsos obtinuit, non ipsis solum ferino more ita sentientibus, sed et aliis gentibus na-

NOVELLE XXI TIT. VIII.

Des Arméniens, pour qu'ils suivent en tout les lois romaines.

L'Empereur Justinien à Acacius, très-glorieux proconsul d'Arménie.

PREFACE.

Ayant eu l'intention que l'Arménie fût régie par de bonnes lois et qu'elle ne différât en rien du reste de notre république, nous lui avons donné des administrations romaines, nous l'avons délivrée de ses anciennes mœurs et accoutumée à celles des Romains, en décrétant qu'elle n'aurait d'autre législation que la leur. Mais nous pensons qu'il faut, par une loi expresse, abolir une coutume barbare que les Arméniens ont conservée : chez eux les femmes sont exclues des successions, tant de leurs ascendants que de leurs frères germains et consanguins; on les marie sans dot, et elles sont achetées par leurs futurs époux. Les Arméniens ont jusqu'à présent cruellement observé cet usage, et ils ne sont pas

(1) Corpus Juris de Kriegel, édition de Leipzig.

turam sic contemnentibus, ac genus femininum ignominia afficientibus, quasi a deo conditum non sit, nec ad generationem quidquam conferat, sed tanquam vile et contemptum in nullo habere debeat honore.

même les seuls; ils ont cela de commun avec d'autres peuples qui outragent la nature de la même manière; et qui font injure au sexe, comme s'il n'était pas l'ouvrage de Dieu, comme s'il ne concourait pas du tout à la procréation de l'homme, comme si enfin il était vil, méprisable et indigne de tout honneur.

Cap. I.

Sancimus igitur hac sacra lege, ut, quantum ad successionem feminarum, eadem apud Armenios obtineant, quæ apud nos, nec ulla sit differentia inter masculum et feminam, sed sicut in nostris legibus constitutum est, quo modo parentes succedent pater scilicet et mater, avus et avia, ac remotiores, vel etiam qui eos sequuntur, filius scilicet et filia, et quomodo ipsis succedatur, ita et apud Armenios sit, et leges Armeniæ a Romanis nihil differant. Si enim ad nostram rempublicam pertinent, et cum reliquis gentibus nobis serviunt, omnibusque, quæ nostra sunt, fruuntur, solæ illorum feminæ ab æqualitate, quæ apud nos est, non excludentur, sed leges nostræ ad omnes æqualiter pertinebunt, tum illæ, quas ex veteribus collegimus, et in nostris Institutionibus et Digestis posuimus, tum et quæ ex imperialibus legibus, tam Imperatorm, qui ante nos fuerunt, quam nostris, descriptæ sunt.

Chapitre I.

En conséquence, nous ordonnons par les présentes, que les lois en vigueur dans notre république sur les droits successifs des femmes, soient observées dans l'Arménie, et qu'il n'y existe plus de différence à cet égard entre l'un et l'autre sexe; les femmes, d'après le mode établi dans nos lois, y hériteront de leurs parents, c'est-à-dire en ligne ascendante de leurs père et mère, aïeuls et aïeules à l'infini; et en ligne descendante, de leurs fils et filles, de quelque manière que les uns ou les autres leur transmettent leurs successions. Ainsi les Arméniens n'auront plus une législation différente de celle de la république; et s'ils font partie de notre empire, s'ils nous sont soumis, ainsi que beaucoup d'autres peuples, s'ils jouissent de nos bienfaits, les femmes chez eux ne seront pas les seules privées de notre clémence, et toutes nos lois leur seront également communes, soit celles que nous avons reçues des anciens et qui sont renfermées dans nos Institutes et le Digeste, soit les constitutions impériales décrétées par nous-mêmes ou par nos prédécesseurs.

Cap. II.

Sancimus igitur, ut hæc omnia in omne tempus valeant, atque ab initiis

Chapitre II.

Les lois romaines relatives aux droits successifs des femmes, seront à jamais huius ipsius decimæ quartæ indictionis, qua hanc legem scribimus, incipiant. Antiqua enim curiose scrutari, et ad superiora tempora ascendere confusionis potius est, quam legislationis. Sed, uti diximus, a tempore huius ipsius decimæ quartæ indictionis ac in omne futurum tempus successiones maneant similes, et quæ quacunque de causa ad successiones pertinent, æqualiter tam in feminis quam in masculis in posterum observentur. Quod vero ante factum est, id omne in priore statu manere permittimus, sive in genearchicis, sive in ceteris factum est; et feminæ personæ nihil plane commune habeant cum genesiarchicis prædiis iam divisis, vel successionibus, quæ usque ad ipsam decimam tertiam indictionem fuerunt, sed ex dicto tempore, hoc est a decima quarta indictione, ut valeant, quæ a nobis constituta sunt, sancimus.

observées en Arménie, à dater du commencement de la quatorzième indiction, époque où nous décrétons la présente. Car remonter à des temps antérieurs et modifier le passé, serait de la confusion plutôt que de la législation ; aussi, le répétons-nous, à l'avenir et à dater de la quatorzième indiction, le mode des successions sera uniforme pour tous ; il sera le même pour l'homme et la femme. Cependant, nous maintenons les partages entièrement faits des biens des familles ou autres ; les femmes n'auront aucune part aux biens déjà divisés, ou aux successions échues jusqu'à la treizième indiction exclusivement, la législation romaine ne devant avoir son effet à leur égard qu'à dater de la quatorzième indiction.

ÉPILOGUS.

Quæ igitur placuerunt nobis et sacra hac lege declarata sunt magnificentia tua et qui post eam magistratum suscepturi sunt in perpetuum observare studeant. Dat. XV. Kal. April. Constantinop., post Belisarii V. C., consul. (536).

ÉPILOGUE.

Votre grandeur, et ceux qui après vous rempliront votre charge, aurez soin de maintenir à perpétuité l'exécution de ce que nous ordonnons dans la présente constitution.

Fait le 15 des calendes d'avril, après le consulat de Bélisaire.

EDICTUM III.

De Armeniorum successione.

PRÆFATIO.

Etiam Armenios volumus pristina iniustitia liberatos ad nostras per omnia leges deducere, et decora æquabilitate eos donare.

ÉDIT III DE JUSTINIEN.

De la succession chez les Arméniens.

PRÉFACE.

Nous voulons affranchir les Arméniens d'une injustice très-ancienne, les soumettre en tout à nos lois, et leur conférer cette honorable égalité.

Cap. I.

Et quoniam nuper cognovimus barbaricam quamdam insolentemque esse apud eos legem, quæ neque Romanos, neque nostræ reipublicæ justitiam deceat, ut nempe masculi in parentum hereditatem succedant, feminæ vero non, propterea sancimus, emissa præsente ad magnificentiam tuam sacra lege, æquales esse successiones, et quæ tam de viris, quam de mulieribus Romanorum legibus constituta sunt, hæc etiam in Armenia obtinere. Idcirco enim illuc nostras etiam leges transmisimus, ut in eas oculos convertentes, secundum eas vivant.

§ 1. Quoniam vero quæ præcesserunt omnia commovere absurdissimum esset, propterea statuimus, hanc legem valere inde ab initio pii nostri imperii, ut ab eo tempore huc usque defunctorum successiones hunc admodum fiant, præterquam si qui iam transegerint, aliove modo inter se pacti fuerint, si enim tale quidpiam factum sit, id in suo robore permanere, nulloquemodo, commoveri iubemus.

§ 2. Participes vero ipsas etiam prædiorum, quæ genearchica vocantur, a prædicto tempore esse volumus. Si tamen inveniri nonnullos contingat, qui filias, quanquam non vocarentur ab intestato ad successionem, heredes tamen scripserint, illæ et qui ex illis nati fuerint in res genearchicas successionis participes sint.

Chapitre I.

Ayant appris récemment qu'il existe chez eux une loi étrange et barbare, indigne des Romains et de la justice de notre empire, à savoir : que les hommes héritent des biens de leurs parents, mais non pas les femmes, nous adressons les présentes à votre grandeur pour qu'elle établisse l'égalité des successions, et que les lois appliquées aux Romains des deux sexes, le soient aussi en Arménie. En effet, si nous leur avons transmis nos lois, c'est pour qu'ils soient gouvernés selon cette législation.

§ 1. Mais comme il serait absurde de changer tout ce qui a été fait jusqu'alors, nous avons décidé que cette loi serait mise en vigueur à partir du commencement de notre règne : les successions ouvertes à partir de cette époque seront dévolues d'après la loi nouvelle, mais si des transactions étaient déjà intervenues, elles seront observées. Nous ne touchons pas à ce qui a été convenu entre les particuliers pour éviter le bouleversement.

§ 2. Or, nous voulons qu'à partir de l'époque susdite, les femmes héritent même des biens immeubles qui sont appelés *genearchica* (patrimoniaux ou avitins). Si quelques testateurs ont désigné comme héritières leurs filles, qui n'auraient pas hérité *ab intestat*, celles-ci pourront également transmettre leurs parts dans les immeubles patrimoniaux.

EPILOGUS.

Quæ igitur nobis placuerunt et per hanc sacram declarantur legem, excellentia tua et custodire, et fini tradere

ÉPILOGUE.

Cette loi décrétée par notre sagesse, votre excellence aura soin de l'exécuter et de la maintenir, car il faut que studeat, ut leges nostræ per omnia obtineant auctoritatemque habeant, præsente quidem lege ab initio imperii nostri, ut iam diximus, incipiente, in omne vero tempus extensa, et in posterum omnibus modis in republica vim habente, atque ab omnibus observanda.

Dat. X. Kal. August. Belisario, v. C. Cons. (535).

notre autorité soit respectée partout. Que la présente loi, applicable dès le commencement de notre règne, comme nous l'avons déjà dit, soit observée dans tout l'empire à perpétuité.

Fait le 10 des Calendes d'août, après le consulat de Bélisaire.

Si Justinien a eu juste sujet de critiquer les anciennes coutumes de l'Arménie, nous devons dire qu'au commencement du XIIe siècle de notre ère, les lois arméniennes, déjà notablement améliorées, approchèrent beaucoup de la perfection, grâce au célèbre législateur Mékithar-Kosh, cité par plusieurs écrivains français, entre autres MM. Dulaurier et Victor Langlois (1), arménistes distingués. — On peut voir à la Bibliothèque nationale, département des Manuscrits, sous le n° 103, le Code arménien, compilé et rédigé par l'illustre docteur Mékithar-Kosh, en l'an 1184. Ce manuscrit est la reproduciton de l'original qui se trouve aux archives de l'Académie arménienne Mékithariste de Venise. Pour d'amples renseignements concernant la transmission de la couronne, la pénalité et en général les lois et coutumes de l'Arménie, nous signalons au lecteur *les détails sur le droit public arménien, extrait du Code géorgien du roi Wakhtang, et traduit du géorgien* par M. Brosset. *Journal asiatique,* page 21 et suiv. 1832.

NOVELLA XXXI. TIT. X.

De descriptione quatuor præsidum Armeniæ.

Idem Imperator Joanni, sacro per Orientem Prætorio iterum Præfecto gloriosissimo, Exconsuli et Patricio.

PRÆFATIO.

Quæ sine utilitate confusa iacent, ea si ad iustum ordinem, perveniunt

NOVELLE XXXI. TITRE X.

De la division de l'Arménie entre quatre magistrats.

L'empereur Justinien, à Jean, très-glorieux préfet des sacrés prétoires d'Orient, deux fois consul et patrice.

PRÉFACE

S'il est des choses qui dans leur confusion parviennent à être bien ordon-

(1) Voir V. Langlois, *le Trésor des Chartes d'Arménie*, passim, et notamment p. 37, Venise, typ. Armén. de Saint-Lazarre, 1863.

et pulchre disponuntur, non eadem, sed aliæ res, ex malis pulchræ, ex inornatis ornatæ, ex inordinatis ante et confusis ordinatæ et distinctæ apparent. Qua in re quum et in Armeniorum regione peccatum esse inveniamus, in unam harmoniam eam redigendam, et pulchro ordine constituto conveniens robur illi dandum, ac decentem ordinem tribuendum esse existimavimus.

nées, il en est une infinité d'autres qui, lorsqu'elles sont diffuses, passent pour honteuses, quoiqu'elles soient honnêtes, pour être sans grâces, quoiqu'elles soient ornées, et pour être obscures et en désordre, quoiqu'elles soient bien claires et bien distinctes. C'est d'après cette vérité, qu'après avoir jeté les yeux sur l'administration qui régit les Arméniens, nous nous sommes convaincus qu'elle avait besoin d'être mise dans une harmonie plus parfaite; et que si nous rendions sa forme plus stable, elle en acquerrait une vigueur salutaire et un ordre plus convenable.

Cap. I.

Fecimus igitur, ut quatuor sint Armeniæ : una quidem interior, cuius metropolis piæ nostræ appellationis nomine decorata est, antea Bazanis seu Leontopolis vocata, quam etiam proconsulatu honoravimus cui magnificentissimus Acacius præfuit, et ut spectabilis sit magistratus effecimus, omniaque illi dedimus, quæ proconsulatum habere par est. Stola enim proconsulis eum exornavimus, et constituimus, ut omnia, quæ annexa sunt, habeat. Urbes etiam illi dedimus Theodosiopolin, quam et antea habuit, Satalam et Nicopolin et Coloniam, et priore Armenia, ut ante vocabatur, assumtam, Trapezunta et Kerasunta ex Ponto Polemoniaco, qui antea vocabatur, aliquas ex illis a clarissimo provinciæ præside, alias vero a spectabili moderatore separantes, totamque provinciam et quæ in vici-

Chapitre I.

En conséquence nous créons quatre provinces en Arménie : l'une sera appelée intérieure ; elle aura pour métropole une ville qui porte notre nom, et qui jadis avait celui de Bazanis ou Léontopolis; nous honorons d'un proconsulat cette province, qui était gouvernée par le très-magnifique Achate; le magistrat que nous nommerons à sa place aura rang de *spectable* (1) et jouira de tous les honneurs attachés à sa dignité. Car nous le décorons de la robe consulaire et autres attributs ; nous mettons dans sa juridiction la ville de Théodosiopolis qui y était déjà, Satala, Nicopolis, Colonea (ainsi qu'elle était auparavant appelée), que nous retranchons de l'Arménie première; Trapezunte, et enfin Cerazunte, qui appartenait au pont Polémoniaque. Toutes ces villes étaient jadis gouvernées en partie par un cla-

(1) Surnom de dignité sous les empereurs romains. Les sénateurs du premier rang étaient appelés illustres, ceux du second spectables, et ceux du troisième clarissimes.

nia eius sunt septem urbibus et locis circumscribentes.

§ 1. Secundo vero loco posuimus Armeniam, quæ antea prima vocabatur, in qua urbs Sebastia primum locum tenet, attribuentes illi et Sebastopolin, quam et antea habuit, et prælerea Comanam ex Ponto Polemoniaco, qui olim vocabatur, et Zelam ex Helenoponto, atque Brisam, adeo ut quinque urbibus hæc provincia constet, et imperium, quod correctorium est, in priore forma relinquamus, magistratumque illius nullo maiore nomine ornemus, sed quod ante habuit, id ei relinquamus.

§ 2. Insuper tertiam quoque Armeniam constituimus, quæ antea secunda dicebatur, in quæ primum locum tenet Melitena, urbs antiqua, urbs insignis, in pulchro solo et aëre sita, nec procul ab Euphrate fluvio distans. Hanc nos in præsentia augendam et ad spectabilium formam transferendam, eius que indicem Justinianeum comitem nominandum, ipsique pro annonis solidos septingentos, et assessori eius solidos septuaginta duos, et cohorti eius solidos sexaginta dandos esse putavimus, et ut omnia habeat, quæ eiusmodi sedibus propria sunt; atque taxeotæ, qui olim vocabantur, omnia faciant, quæ antea, ac maxime circa publicam exactionem occupentur, utque comitiani deinde appellentur, omnibus illis perinde servatis, ac si cohortales essent. Urbes vero illi subiecimus Arcam et Arabissum, Ariarathiam et Comanam alteram (vocant vero eam et Chrusam), et Cucusum, quas et prius habebat, quum e sex urbibus constaret.

rissime président de province, et en partie par un spectable gouverneur. Ainsi l'Arménie intérieure comprendra sept villes et leurs dépendances.

§ I. La seconde Arménie sera formée de l'Arménie qui était appelée première, et qui a pour métropole Sébastes. Les villes dont nous composons cette province, sont Sébastopolis, qu'elle avait déjà, Commana, qui appartenait au pont Polémoniaque, Zéla, qui faisait partie d'Hélènepont, et enfin Briza. Cette province renfermera conséquemment cinq villes dans son étendue, elle continuera à être présidée par un gouverneur, auquel nous conservons la même domination et le même rang.

§ 2. Nous composons ensuite la troisième Arménie de celle qui formait la seconde; Mélitène en est la métropole. Cette ville est bâtie dans un beau sol, sous un ciel pur et à peu de distance du lieu où coule l'Euphrate. Nous croyons devoir, par les présentes, donner à cette province un magistrat spectable, appeler ce magistrat du nom de comte Justinien, lui affecter 700 écus d'or, en assigner 72 à son assesseur, 360 à sa cour, et lui accorder toutes les attributions qui appartiennent à l'espèce de sa magistrature. Sa cour exercera les fonctions qu'elle remplissait avant; elle s'occupera principalement de la levée des impôts; elle portera le nom de comitienne, et elle conservera ses précédentes attributions. D'après cet ordre, la troisième Arménie comprendra les six villes qui composaient l'Arménie seconde; savoir, Arca, Arabissum, Ariarsathea, Comana (qu'on appelle aussi Chrusa), autre ville que celle du même nom que nous avons affectée à l'Arménie seconde, et Cucuse.

§ 3. Constituimus vero et quartam Armeniam, quæ antea in provinciæ formam redacta non erat, sed gentium erat, ex diversis nominibus barbaris collecta, et Tzophanena, Anzetena, aut Tzophana et Asthianena, Balabitenaque vocata, et sub satrapis constituta. Hoc vero nomen magistratus neque Romanum, neque maiorum nostrorum, sed ex alia republica introductum erat. Illam igitur civilis magistratus forma ornavimus, constituentes, ut civilis sit magistratus, illique urbem Martyropolitanorum, et castrum Citharizon tribuentes, in ordinariorum quoque magistratuum forma constituta est, consularis a nobis facta, adeo ut, quum quatuor sint Armeniæ, duæ quidem sint spectabiles, ea, quæ proconsulis, et ea, quæ comitis est, et qui primæ Armeniæ præest proconsul sit, ille qui tertiæ præest, comes, secundæ vero et quartæ ordinarii sint. Et quoniam omni studio effecimus, ut appellationes usque ad quingentos solidos non ad hanc felicem urbem, sed ad proximos spectabiles indices deferantur, etiam hoc sancimus, ut ad magistratum primæ Armeniæ, hoc est proconsulem, appellationes ex secunda Armenia fiant, hoc est ex Sebastia, ad comitem vero tertiæ Armeniæ, eum scilicet, qui est in Melitena, appellationes ex quarta Armenia usque ad dictam summam veniant.

§ 3. Nous constituons enfin la quatrième Arménie, qui jadis n'était pas érigée en province, mais qui était comcomposée de plusieurs nations dont les noms sont barbares (tels que cenx de Trophaëne, Anzethène, Ophène, Astaëne et Balabithène), et gouvernée par des Satrapes. Mais attendu que ce nom de Satrape n'est point romain, qu'il ne fut pas adopté par nos prédécesseurs, et qu'il a été emprunté d'une puissance étrangère, nous établissons dans cette quatrième Arménie une administration civile qui sera confiée à un magistrat civil, à la juridiction duquel nous ajouterons la ville des Martyropolitains et le fort de Citharize. Cette administration sera de la classe des consulaires ordinaires. D'après ce qui précède, des quatre Arménies que nous formons, deux des magistrats qui les gouverneront, c'est-à-dire, le proconsul qui présidera l'Arménie première et le comte qui gouvernera la troisième, seront de l'ordre des spectables, tandis que les deux autres magistrats qui administreront la seconde et la quatrième Arménie, n'auront que le rang de magistrats ordinaires. Nous voulons que les appellations au-dessous de 500 écus d'or émises dans ces provinces, au lieu d'être portées dans cette ville capitale, le soient au magistrat spectable le plus proche. Ainsi les appellations émises dans l'Arménie seconde, dont Sebastea est la métropole, seront jugées par le proconsul de l'Arménie première, et celles au-dessous de la valeur prédite interjetées dans l'Arménie quatrième, seront portées au compte de l'Arménie troisième, qui fera sa résidence à Mélitène.

Cap. II.

His ita a nobis dispositis, illud etiam determinare iustum putamus, ut tertiæ Armeniæ vir gravis præficiatur, qui nobis iam inservierit, et imperii mole et magnitudine dignus sit. Quum igitur magnificentissimum Thomam, qui in Armeniorum regione magistratu iam functus, et alioqui vir bonus est, et ingenue nobis inserviit et inservit, invenerimus, eum ad huius magistratus administrationem promovemus, ut is interim huic provinciæ secundum dictam a nobis formam præsit, et illorum curam gerat, quæ ipsi per sacra commonitoria committemus sive in provincia, quam illi tradidimus, sive etiam in aliis; quod et fecimus sacris ad eum commonitoriis de multis et diversis actionibus datis, quæ ipsum in aliis quoque regionibus ad effectum perducere convenit.

§ 1. Quæ vero ad sacerdotia spectant, illa, sicut sæpe diximus, in priore forma manere volumus, eaque res nec quod ad ius metropolitanorum, nec quod ad ordinationes mutetur vel innovetur, sed qui prius creabant, nunc etiam creandi potestatem habeant, priores etiam metropolitani in suo ordine maneant, ita ut nihil, quantum ad illa, innovetur.

Cap. III.

Illud tamen in confesso est, quum tertiæ Armeniæ comitem non civilem solum, sed et militarem magistratum fecerimus, necesse esse, ut milites etiam, qui in ea collocati sunt, illi subiecti sint, ipseque potestatem ha-

Chapitre II.

Ces choses ainsi décrétées, nous pensons nécessaire de nommer, à l'Arménie première un homme qui, par sa grandeur et l'éclat de ses services envers nous, soit digne d'en remplir l'administration. En conséquence, comme nous avons reconnu que le très-magnifique Thomas a déjà exercé quelques fonctions en Arménie, que d'ailleurs il est homme de bien, qu'il nous a toujours fidèlement servi, et qu'il nous sert encore avec zèle, c'est à lui que nous confions cette administration; et il ne sera pas seulement chargé de présider l'Arménie première, il fera encore observer dans les autres provinces ce que nous lui recommanderons par nos sacrées instructions qui lui apprendront la manière dont il devra se conduire à leur égard.

§ 1. Nous ne faisons en Arménie, comme nous l'avons souvent ordonné, aucune innovation relativement au sacerdoce; il n'y sera rien changé au droit des métropolitains ni à ce qui concerne les ordinations. Les individus déjà ordonnés conserveront comme autrefois l'autorité que l'ordination leur a transmise; et les précédents évêques métropolitains seront maintenus dans leur rang. Car nous n'entendons absolument rien décréter de nouveau sur le clergé.

Chapitre III.

Comme nous confions l'autorité civile et militaire au comte de l'Arménie troisième, les soldats stationnés dans sa province seront tenus de déférer à ses ordres. Ce magistrat aura le pouvoir (pouvoir qu'ont les maîtres des beat, ut, sicuti militaribus magistratibus permissum est, nomine eos vocet, et inquirat, et annonis eorum prospiciat, et delinquentes puniat, nec militibus permittat, ut subditos lædant, sin vero gravius quid commiserint, ut etiam criminales causas audiat, licet milites sint, omniaque faciat, quæcunque militaribus magistratibus dedimus. Et quem admodum Isauriæ comiti et Pacatianae Phrygiae, et præterea prætoribus Lycaoniæ, Pisidiæ atque Thraciæ milites etiam subiecimus, ita ille non solum civilium rerum ordinationem, sed et militarium potestatem et imperium habeat, ipseque venerandus sit militibus et paganis, præcipiens omniaque agens, ut decet, cum unus sit magistratus; curam quoque unice gerat, ne crimen aliquod in provincia committatur, sed ut par est puniatur. Ab hac vero eius potestate nullam, quæ in provincia est, personam eximimus, sive privata, sive militaris, sive tamiaca est. Unam enim et perpetuam pacem inter omnes subditos nostros servari volumus, ex personarum differentia legum contentum non introducentes.

soldats) de les requérir en son nom, de s'informer de leur conduite, de faire des retenues sur leurs traitements, et de leur infliger des peines dans le cas où ils s'écarteraient de leur devoir : il ne souffrira pas qu'ils commettent des injustices envers nos sujets ; et s'il en est pernicieux qui se rendent coupables de quelques délits, il en connaîtra ainsi qu'il connaît des causes criminelles ; il exercera enfin l'entière autorité attribuée aux maîtres des soldats. Nous mettons sous son commandement toutes les forces militaires commes elles sont soumises aux comtes d'Isaurie et de la Phrygie pacatienne, aux préteurs de Lycaonie, de Pisidie et de Thrace ; il aura, de même que ceux-ci, une cour pour les affaires civiles, une puissance absolue sur l'armée, et il gouvernera avec une autorité suprême les militaires ainsi que tous les autres citoyens. Il veillera surtout à ce qu'il ne se commette pas des crimes dans sa province, et aura soin de réprimer ceux qui viendraient à sa connaissance ; il ne fléchira devant aucun particulier, aucun militaire où individu attaché au domaine. Car, comme nous maintenons nos sujets en paix avec une égale justice, nous ne voulons pas que nos lois demeurent sans effets et soient méprisées par quelques-uns d'entr'eux.

EPILOGUS.

Quæ igitur nobis placuerunt, ea excellentia tua secundum quatuor Armeniarum descriptionem, et maxime tertiæ, cuius occasione hanc sacram legem tulimus, nunc et in omne futurum tempus observare studeat, atque omnia, quæ singulis annis dari iussi-

EPILOGUE.

Votre excellence aura soin de faire observer ce qu'il nous a plu ordonner dans cette division des quatre Arménies, et surtout de la troisième, pour laquelle principalement nous avons décrété la présente loi. Les traitements annuels que nous avons assimus, conficiantur, et particularibus constitutionibus collegarum tuorum inscribantur.

Dat. XV. Kalend. April. Constantinop. post consul. Belisarii. V. C. (536).

gnés aux magistrats d'Arménie, leur seront délivrés par votre trône, conformément aux notices particulières.

NOVELLA XX.

Imperatòr Joanni, gloriosissimo sacro Prætorio iterum Præfecto, Exconsuli et Patricio.

CAP. I. — *Ut sola cohors Præfecti ministret in eius appellationibus.*

Placuit igitur tam his, qui utrique magistratui inserviunt, quam utrique vestrum, præterea nobis quoque recte se habere visum est, quod nobis placuit, ut sola cohors tuæ excellentiæ talibus appellationibus ministret, quemadmodum et antea moris erat, et si in forma sacri auditorii agantur, et gloriosissimus noster quæstor adsit, et particeps sit eorum, quæ geruntur.

CAP. III.

Illud vero ipsum in Armeniæ quoque proconsule, quia quum antea eam administrationem ordinariam dignitatem fecerimus, nunc nihil ei addentes in proconsulatus formam mutavimus. Nam litibus etiam, quæ inde veniunt, tuæ eminentiæ cohors ministrabit, lite in ordine sacri auditorii, ut diximus, movenda; nihilominus autem cohors tua causæ ministret, sicut antea erat, quum solam magistratus ordinarii, qui

NOVELLE XX. TIT. VII. CH. III.

L'Empereur à Jean, pour la seconde fois très-glorieux Préfet du sacré Prétoire, ancien Consul et Patricien.

CH. I. — *Les officiers du Préfet des préteurs rempliront seuls les fonctions d'appariteurs dans les appels du préteur, etc., etc.*

Il a paru à propos à vos officiers et à ceux du questeur, ainsi qu'à vous deux, et nous-mêmes jugeons convenable que les officiers de Votre Excellence remplissent seuls les fonctions d'appariteurs dans les appels du prêteur et du gouverneur prénommé; ces appels, seront, comme autrefois, jugés dans le sacré auditoire, où notre très-glorieux questeur siégera et prendra part aux jugements.

CH. III.

A l'égard du proconsul d'Arménie, attendu qu'autrefois cette province était érigée en administration ordinaire; que sans y rien ajouter nous l'avons transformée en administration proconsulaire; qu'auparavant vos officiers exerçaient les fonctions d'appariteurs dans les appels qui en étaient portés à Votre Excellence; que maintenant ces mêmes appels seront mus dans le sacré auditoire, et que vous en vocatur, speciem haberet, majorem ordinem non adeptus..

Dat. XV. Kal. April. Constantinop. post. cons. Belisarii. v. c. (536).

connaîtrez conjointement avec le glorieux questeur ; — vos seuls officiers continueront à remplir l'office d'appariteurs, comme lorsque l'Arménie était érigée en administration ordinaire, ne changeant rien au mode des appellations.

NOVELLA VIII.

Imperator Joanni, Præfecto iterum Prætorio Exconsuli et Patricio.

CAP. I. *Notitia eorum quæ unaquaque subditarum administrationum debent præberi etc., etc.*

§ 22. A præside Armeniæ secundæ sic : spectabilibus tribus chartulariis sacri cubiculi sol. 9, primicerio clarissimorum tribunorum notariorum sol. 24, eius adiutori sol. 3, cohorti gloriosissimorum præfectorum pro iussione sol 40.

§ 23. A præside Armeniæ magnæ sic : spectabilibus tribus chartulariis sacri cubiculi sol. 9, primicerio clarissimorum tribunorum notariorum sol. 24, eius adiutori sol 3. cohorti gloriosissimorum præfectorum pro iussione sol. 40.

§ 43. A præside Armeniæ primæ sic : Spectabilibus tribus chartulariis sacri cubiculi sol 9, primicerio clarissimorum tribunorum notariorum sol. 15, eius adiutori sol. 3, cohorti gloriosissimorum præfectorum pro iussione sol. 36.

NOVELLE VIII. TIT. II.

L'Empereur à Jean, pour la seconde fois Préfet du Prétoire, ancien Consul et Patricien.

CH. I. — *Note des émoluments dus aux différents magistrats, etc., etc:*

§ 22. Par le président de l'Arménie seconde, 9 écus aux trois spectables chartulaires de la sacrée chambre ; 24 au primicier(1) des clarissimes tribuns notaires; 3 à son adjoint, et 40 à la cour des très-glorieux préfets des prétoires, pour jussion.

§ 23. Par le présideut de la grande Arménie, 9 écus aux trois spectables chartulaires de la sacrée chambre ; 24 au primicier des clarissimes tribuns notaires; 3 à son adjoint, et 40 à la cour des très-glorieux préfets des prétoires pour jussion.

§ 43. Par le président de l'Arménie première, 9 écus aux trois spectables chartulaires de la sacrée chambre ; 15 au primicier des clarissimes tribuns notaires ; 3 à son adjoint, et 36 à la cour des très-glorieux préfets des prétoires, pour jussion.

(1) Titre de plusieurs officiers principaux de la Cour des Empereurs de Constantinople. *Primicier des notaires*: officier qui tenait le registre des dépenses, des forces et des revenus de l'empire. Il succéda au procurateur des éphémérides.

Lib XI. Cod. Theodos. Tit. I (1).

De annona et tributis.

De immunitate a tributis nulli tribuenda, exceptis tantum quatuor tum rebus, tum personis; Constantini M. constitutio.

I. *Imp. Constantinus A. ad Proclianum.*

Præter privatas res nostras et Ecclesias catholicas et domum clarissimæ memoriæ Eusebii ex-consule et ex-magistro equitum et peditum, et Arsacis, regis Armeniorum, nemo ex nostra iussione præcipuis emolumentis familiaris iuvetur substantiæ: Datianus enim, vir clarissimus, patricius, qui hanc olim gratiam fuerat consecutus, auferri sibi id cum tanta instantia depoposcit, cum quanta alii poscere consuerunt. Ideoque omnes pensitare debebunt, quæ manu nostra delegationibus adscribuntur, nihil amplius exigendi. Nam si qui vicarius, aut rector provinciæ aliquid iam cuiquam crediderit remittendum, quod aliis remiserit, de propriis dare facultatibus compelletur.

Dat. XV. Kalend. Jul. Constantinop. Constantino A. IV. et Licinio IV. Coss. (315 ?)

Code Théodosien. Liv. XI. Tit. I.

Des impôts et tributs.

Constitution de Constantin le Grand, d'après laquelle nul ne doit être exempt de l'impôt, sauf quatre exceptions relatives, soit aux biens, soit aux personnes.

I. *L'empereur Constantin à Proclianus.*

Excepté nos biens privés, les églises catholiques, la famille d'Eusèbe, cet homme d'illustre mémoire, ancien consul, général de la cavalerie et de l'infanterie, et la famille d'Arsace, roi d'Arménie, que personne dans notre empire ne soit dispensé de payer l'impôt sur les premiers fruits de son patrimoine. Datien, homme très-illustre, de famille patricienne, qui avait été exempté de l'impôt, mit à se faire retirer cette faveur, autant de persistance que d'autres en mettaient à l'obtenir.

Donc, tous devront payer ce qui sera inscrit dans les délégations signées de notre main, et rien de plus ne sera exigé. Si un intendant ou gouverneur de province se permettait de faire à quelqu'un remise d'une partie de l'impôt, il en répondrait sur sa fortune particulière.

Donné à Constantinople, le 15 des calendes de décembre, la IVe année du règne de Constantin, sous le IV. consulat de Licinius (315 ?).

(1) Code Théodosien de Haenel, édition de Leipzig.

Lib. XII. Cod. Theodos. Tit. VI.

De susceptoribus, praepositis.

XXI. Imppp. Valentinianus, Théodosius et Arcadius AAA. Cynegio Pf. P.

Modios aeneos, seu lapideos, cum sextariis atque ponderibus, per mansiones singulasque civitates, iussimus collocari, ut unusquisque tributarius sub oculis constitutis rerum omnium modi sciat quid debeat susceptoribus dare ; ita ut, si quis susceptorum, conditorum modiorum sextariorumque vel ponderum normam putaverit excedendam, pœnam se sciat conpetentem esse subiturum. Et summotis, quæ contra utilitatem populorum omnium hactenus gesta sunt, frumenti quinquagesimas, hordei quadragesimas, vini et laridi vicesimas susceptoribus dari præcipimus. Humanitatis autem necessitate commoniti, susceptoribus in Armeniæ susceptionibus, longinquitatis causa, frumenti et hordei quadragesimas, vini et laridi quintasdecimas dari præcipimus.

Dat. IV. Kal. décembr. Constp. Honor. NB. P. et Evodio V. C. Coss. (386).

Code Théodosien, Liv. XII. Tit. VI.

Des Receveurs et Intendants.

Les trois empereurs Valentinien, Théodose et Arcadius à Cynegius Pf. P.

Nous avons ordonné de déposer des boisseaux d'airain ou de pierre, avec des setiers et des poids, à chaque bureau des receveurs et dans toutes les villes, afin que, ayant sous les yeux ces diverses mesures, les contribuables sachent ce qu'ils doivent donner aux receveurs. Si donc, un des receveurs exigeait quelque chose au-delà de ces poids et mesures, qu'il sache qu'il subira un juste châtiment. Pour éviter tout ce qui a pu se faire jusqu'à ce jour contre l'intérêt des peuples, nous décrétons que l'on donnera aux receveurs le cinquantième du blé, le quarantième de l'orge, le vingtième du vin et du lard. Mais les choses humaines ont leurs exigences : nous avons dû prescrire qu'en Arménie, à cause de l'éloignement, on remettra aux receveurs le quarantième du blé et de l'orge, le quinzième du vin et du lard.

Donné à Constantinople, le 3 des calendes de décembre, sous le consulat d'Honorius NB. P. et d'Evodius (386).

POSITIONS

DROIT ROMAIN.

I. — Le mariage ne se formait pas *solo consensu*, sa perfection dépendait d'une condition de fait, p. 30.

II. — Le mariage sans *manus* doit son origine au refus d'autorisation des *agnats*, p. 16.

III. — La femme qui n'est pas *in manu mariti* n'est pas moins soumise, quant à sa personne, au pouvoir du mari, p. 17.

IV. — Les futurs époux ne peuvent se marier qu'à la condition d'obtenir le consentement du *pater familias*, sous la puissance duquel ils se trouvent. S'il s'agit du mariage d'un petit-fils, le consentement de son père devra se joindre à celui de l'aïeul, p. 45.

V. — L'absence du consentement du *pater familias* rend le mariage nul, p. 50.

DROIT COUTUMIER.

I. — Le pouvoir d'établir des empêchements dirimants appartenait concurremment au prince et à l'Église : au prince, en ce qui regardait le contrat; à l'Église, en tout ce qui touchait au sacrement, p. 67.

II. — On a tort, selon nous, de prétendre que Pothier admettait la destruction du consentement, par l'erreur sur la personne civile, p. 78.

DROIT CIVIL.

I. — Si un individu est en état de démence ou de folie au moment de la célébration du mariage, c'est un cas d'inexistence et non pas de nullité, par conséquent, il faut accorder l'action à tout le monde, p. 100.

II. — Le mariage contracté, pendant un intervalle lucide, par une personne habituellement atteinte de fureur ou de démence, doit être regardé comme existant, quand même cette personne aurait été antérieurement interdite, p. 101.

III. — L'article 180 traite tout à la fois de l'erreur sur la personne physique et de l'erreur sur certaines qualités essentielles, dites constitutives de la personnalité civile, p. 109.

IV. — La parenté naturelle, qui n'est point légalement établie, ne fait pas obstacle au mariage, p. 123.

V. — L'annulation d'un mariage ne détruit pas l'affinité naturelle qu'a produite le commerce des deux époux; que cette affinité suffit pour créer un empêchement de mariage, p. 124.

VI. — Les personnes frappées d'interdiction légale, par suite de condamnations pénales, ne sont pas, pendant la durée de leur peine, incapables de contracter mariage, p. 139.

VII. — L'impuissance, quels qu'en soient la cause et le caractère; n'est pas un empêchement prohibitif à la célébration du mariage, dès que les futurs époux consentent à se marier, p. 143.

VIII. — L'impuissance est une cause de nullité, toutes les fois qu'elle est extérieure et manifeste, sans distinguer alors si elle résulte d'un défaut naturel de conformation, ou d'un accident postérieur, pp. 144 et 145.

DROIT INTERNATIONAL PRIVÉ.

I. — L'engagement dans les ordres sacrés ne constitue pas un empêchement prohibitif, p. 140.

II. — L'étranger, divorcé suivant les lois de son pays, peut contracter en France un second mariage.

III. — L'omission seule de publications en France n'entraîne pas virtuellement la nullité du mariage célébré à l'étranger; la question est abandonnée au pouvoir discrétionnaire des juges, p. 147.

DROIT CRIMINEL.

I. — La prescription de l'action publique entraîne pour la partie lésée l'impossibilité d'obtenir, devant la juridiction civile, réparation du préjudice qui lui a été causé.

II. — Lorsque l'accusé est renvoyé devant la cour d'assises comme coupable d'un crime consommé, la question de la tentative peut être posée au jury.

DROIT DES GENS.

I. — Le pavillon couvre la marchandise.

II. — La course maritime a été réprouvée par une déclaration des puissances (1856). Mais les États-Unis ayant refusé d'accéder à cette clause, il est bien certain que le jour où cette nation armera des corsaires, les gouvernements européens recouvreront le droit de course.

Vu par le Doyen de la Faculté,

G. Colmet-D'Aage.

Vu par le Président de la Thèse.

J.-E. Labbé.

Vu et permis d'imprimer,

Le Vice-Recteur de l'Académie de Paris,

A. Mourier.

TABLE DES MATIÈRES

II. — DROIT COUTUMIER

III. — CODE NAPOLÉON

Printed in Dunstable, United Kingdom

91220739R00100